KB193459

영적 전투력

지은이 | 이규현
초판 발행 | 2024. 9. 11
등록번호 | 제1988-000080호
등록된 곳 | 서울특별시 용산구 서빙고로65길 38 두란노빌딩
발행처 | 사단법인 두란노서원
영업부 | 2078-3333   FAX | 080-749-3705
출판부 | 2078-3331

책 값은 뒤표지에 있습니다.
ISBN 978-89-531-4910-6   03230

독자의 의견을 기다립니다.
tpress@duranno.com   www.duranno.com

두란노서원은 바울 사도가 3차 전도여행 때 에베소에서 성령 받은 제자들을 따로 세워 하나님의 말씀으로 양육하던 장소입니다. 사도행전 19장 8-20절의 정신에 따라 첫째 목회자를 돕는 사역과 평신도를 훈련시키는 사역, 둘째 세계선교(TIM)와 문서선교(단행본·잡지) 사역, 셋째 예수문화 및 경배와 찬양 사역, 그리고 가정·상담 사역 등을 감당하고 있습니다. 1980년 12월 22일에 창립된 두란노서원은 주님 오실 때까지 이 사역들을 계속할 것입니다.

일상을 승리로 이끄는

✝

영적
전투력

The ARMOR of GOD

The Belt of Truth
The Breastplate of Righteousness
The Shoes of the Gospel
The Shield of Faith
The Helmet of Salvation
The Sword of the Word
The Secret Weapon : Prayer

두란노

싸움 잘하는 신자로 살아가기

탁월한 작가이며 기독교 변증가로 알려진 C. S. 루이스는《스크루테이프의 편지》에서 마귀의 존재를 명쾌하게 풀어낸 덕에 사탄의 세계에 대한 대중적 이해를 끌어 냈다. 그는 이 책에서 마귀가 얼마나 교묘하게 세상을 속일 수 있는가를 보여 주며 실제로 일어날 만한 일들을 흥미롭게 소설화했다.

영적 전쟁은 실제다. 가장 오래된 전쟁이요, 가장 많은 희생자를 낳은 전쟁으로 지금도 진행 중이다. 마귀는 허구의 존재가 아니다. 에덴동산에서부터 마귀는 등장한다. 그 활동은 종횡무진이다. 영적 전쟁을 추상적으로 대하는 태도는 위험하다. 예수에게 시험을 걸었던 마귀는 대상을 가리지 않는다. 영적 전선(戰線)은 생각보다 광범위하다. 마귀는 공중의 권세 잡은 자요 세상을 지배하는 신이다. 사상, 철학, 종교 등 모든 영역의 세상 문화에 손을 뻗치고 있다. 때로는 은밀하게, 때로는 노골적으로 영향력을 계속 확대해 가고 있다.

지금은 혼란과 속임이 강한 시대다. 배교(背敎)의 시대라고 할 만큼 피해자들이 속출하고 있다. 그리스도인은 전투를 피할 수 없다. 영적 전투는 게임과 다르다. 패배하면 피해가 막대한 만큼 언제나 치열하다. 세계 도처에서 들려오는 소식은 우리가 상상하는 것보다 훨씬 더 비극적이다. 인류 역사에서 어떤 전쟁보다도 마귀와의 싸움으로 인한 피해자가 압도적으로 많다. 전쟁 영화를 보는 것과 실제로 전쟁을 치르는 것은 다르다. 에덴에서 시작된 이 전쟁은 여전히 진행 중이다. 휴전도 없고 방학도 없다. 마귀는 쉬지 않고 그리스도인을 공격한다. 이 총성 없는 전쟁에서 우리는 승리해야 한다.

21세기 첨단 과학의 시대에 무슨 마귀를 운운하느냐고 할 수도 있다. 비지성적인 모습으로 보이기도 한다. 하지만 성경은 마귀의 존재를 분명히 밝히고 있다. 그 실체와 활동이 성경 속에 엄연히 드러나 있다. 우리는 영적 전쟁에 있어 두 가지 극단을 경계해야 한다. 마귀에 대해서 과도하게 반응하거나 아니면 지나치게 무시하는 태도를 조심해야 한다. 자칫하면 양극단으로 치우칠 수 있다. 영적 전쟁은 피할 수 없는 실전이다. 마귀는 예수님에게도 집요하게 달려들었다. 공생애를 시작하실 때부터 십자가를 지시기까지 그 공격은 계속되었다.

그리스도인이라면 영적 전쟁에 대한 기본적인 이해가 필요하다. 이것을 제대로 아는 것과 그렇지 않은 것에는 신앙생활에서 큰 차이가 있다. 우리는 마귀의 존재를 알고, 그 속성을 알아야 한다. 《손자병법》에 "지피지기면 백전불태"라고 했다. "적을 알고 나를 알면 백 번 싸워도 위태롭지 않다"라는 뜻이다. 영적 전쟁이 까다로운 이유는 눈에 보이지 않는 싸움이기 때문이다. 적의 정체를 모르면 전력을 가늠할 수가 없다. 그러므로 성경적인 관점에서 영적 전쟁을 대해야 한다. 무관심이나 무지에서 벗어나 마귀의 실체를 바로 알아야만 영적 전쟁에서 승기를 잡을 수 있다. 영적 전쟁이 치열하게 벌어지고 있음에도 전혀 인식조차 하지 못하고 있다면, 이미 마귀의 수중에 들어간 것이나 다름없다.

예수 그리스도가 오심으로써 하나님의 나라는 이미 시작되었다. 하나님의 나라와 사탄의 왕국이 첨예하게 대립하고 있지만, 승리는 이미 우리 것이다. 우리는 패배의식에서 벗어나 승리에 대한 확신을 가져야 한다. 두려움이나 소극적인 태도로는 전쟁을 치를 수 없다. 패배가 아닌 승리의 확신을 가지고 영적 전쟁에 적극적으로 임하자. 우리의 전투력을 높여야 한다. 무엇보다 영적 분별력, 경계심, 집중력 등이 요구된다. 성도들이 눈에 보이지 않는 영적 전쟁을 이해하고, 전투력을 갖출 수 있도록 에베소서를 중심으로 쉽게 풀어 내도록 애썼다. 일상에서 지속적인 승리를 거둠으로써 영광의 전리품을 하나님께 올려 드리는 일에 이 책이 사용되길 바란다.

출판을 위해 힘써 주신 두란노 편집진과 수영로교회 오승영 목사와 여러 간사들의 손길에 감사의 마음을 전한다. 무엇보다 늘 최고의 청중이신 수영로교회 성도들과 또 평생 동역해 온 아내의 도움 없이는 이런 책이 나올 수 없기에 감사를 표한다.

해운대에서
이규현 목사

2 그리스도인의 영적 무장

3 말씀과 기도의 전사

The ARMOR of GOD

1

영적 전쟁은 피할 수 없다

1장. 영적 전쟁은 실전이다

벧전 5:8-9
8 근신하라 깨어라 너희 대적 마귀가 우는
사자같이 두루 다니며 삼킬 자를 찾나니

9 너희는 믿음을 굳건하게 하여 그를 대적
하라 이는 세상에 있는 너희 형제들도 동일
한 고난을 당하는 줄을 앎이라

흔히 "신앙은 전쟁"이라고들 말합니다. 신앙은 영적으로 전쟁하는 것이라는 의미입니다. 그런데 우리는 이것을 실감하지 못합니다. 영적 전쟁은 가상(假像) 세계에서 일어나는 일이 아닙니다. 컴퓨터 게임이 아닙니다. 영적 전쟁은 실전(實戰)입니다. 하루를 살아가는 동안에도 우리는 전쟁을 숱하게 치릅니다. 영적 전쟁을 해야 믿음이 성장합니다.

전쟁에서 지면 어떻게 됩니까? 죽거나 포로가 됩니다. 포로는 자유가 없습니다. 자기 마음대로 할 수 없습니다. 그러므로 우리는 영적 전쟁이 실전이라는 것을 기억해야 합니다.

에베소서 6장에서 사도 바울은 영적 전쟁에 대해 말했습니다. 야고보와 베드로도 마찬가지입니다. 야고보서와 베드로전서에서 영적 전쟁에 대해 말했습니다. 마귀가 존재한다는 것과 마귀와 싸워 이겨야 한다는 것을 말했습니다. 그런데 영안(靈眼)이 열려야 영적 전쟁을 알 수 있습니다. 영안이 열리지 않으면, 영적 전쟁을 인식하지 못합니다.

마귀는 있다

사람들은 마귀가 없다고 생각합니다. 그러나 마귀가 없다고 생각하는 것은 마귀에게 속는 것입니다. 마귀는 실제로 존재합니다. 창세기부터 요한계시록까지 사탄 혹은 마귀가 자주 나옵니다. 사탄은 에덴동산에서부터 등장합니다. 사탄은 에덴동산에서 아담과 하와를 넘어뜨렸습니다. 사탄은 사람을 타락하게 했습니다.

욥기에 보면, 마귀가 존재한다는 것을 분명하게 알 수 있습니다. 욥기 1장 7절에 보면, "여호와께서 사탄에게 이르시되 네가 어디서 왔느냐 사탄이 여호와께 대답하여 이르되 땅을 두루 돌아 여기저기 다녀왔나이다"라고 기록되어 있습니다. 마귀는 두루 돌아다니며 삼킬 자를 찾다가 욥을 발견했습니다. 그리고 욥과 욥의 가정을 무너뜨려 버렸습니다. 욥기에서 사탄을 빼놓을 수 없습니다.

악한 영을 통틀어서 '사탄'이라고 말합니다. 아담과 하와를 무너뜨린 사탄은 예수님께서 공생애를 시작하시기 전에도 등장하여 예수님을 시험했습니다. 공생애를 시작하시기 전, 예수님께서는 40일 동안 금식하셨습니다. 사탄은 금식하신 예수님께 나타나 공격했습니다. 사탄은 예수님을 세 번 시험했습니다.

우리가 사탄을 인식하지 못하면, 사탄은 우리를 만만하게 생각하고 우리를 계속 공격할 것입니다. 그러므로 우리는 사탄의 존재를 인식해야 합니다. 사탄의 존재를 인식하지 못하면, 우리는 사탄의 공격을 받을 수밖에 없습니다.

예수님께서는 사탄이 예수님의 주변에서 예수님을 계속 공격한다는 것을 아셨습니다. 그래서 예수님께서는 제자들에게 "우리를 시험에 들게 하지 마시옵고 다만 악에서 구하시옵소서"(마 6:13)라고 기도하라고 말씀하셨습니다. 그리고 베드로에게 "시험에 들지 않게 깨어 기도하라 마음에는 원이로되 육신이 약하도다"(마 26:41)라고 말씀하셨습니다.

영적 전쟁은 실재(實在)합니다. 우리는 세상 끝 날까지 영적 전쟁을 해야 합니다. 영적으로 눈뜬 신자는 마귀의 존재를 인식합니다. 마귀의 음모와 간계를 봅니다. 그러므로 우리는 마귀를 제대로 알아야 영적 전쟁에서 승리할 수 있습니다.

사탄은 힘이 있습니다. 베드로전서 5장 8절에 보면, "근신하라 깨어라 너희 대적 마귀가 우는 사자같이 두루 다니며 삼킬 자를 찾나니"라고 기록되어 있습니다. 베드로는 마귀를 우는 사자에 비유했습니다. 사자가 운다는 것은 사자가 굶주렸다는 의미입니다. 마귀는 삼킬 자를 찾기 위해 두루 다닙니다. 마귀는 광범위하게 움직입니다. 마귀는 삼킬 만한 것을 찾으면, 사정없이 달려들어 삼켜 버립니다.

마귀는 파괴적입니다. 완전히 끝장내 버립니다. 마귀는 동정심이 없습니다. 자비가 없습니다. 완전히 해체해 버립니다. 무너뜨립니다. 비참하게 만들어 버립니다. 마귀는 악합니다. 잔인합니다. 공격적입니다. 적극적입니다. 마귀는 인생이 망하기를 원합니다. 마귀는 쉬지 않고 두루 다닙니다. 끔찍한 사건을 보도하는 뉴스를 보며 '어떻게 저런 일이 일어날 수 있나'라고 생각합니다. 끔찍한 사건이 일어나는 것은 배후(背後)에 마귀가 있기 때문입니다. 이처럼 마귀는 끔찍한 일을 계획하고 실행합니다.

에베소서 2장에 보면, "그때에 너희는 그 가운데서 행하여 이 세상 풍조를 따르고 공중의 권세 잡은 자를 따랐으니 곧 지금 불순종의 아들들 가운데서 역사하는 영이라"(엡 2:2)라고 기록되어 있습니다. 여기서 "공중의 권세 잡은 자"가 바로 마귀입니다.

에베소서 6장에 보면, "우리의 씨름은 혈과 육을 상대하는 것이 아니요 통치자들과 권세들과 이 어둠의 세상 주관자들과 하늘에 있는 악의 영들을 상대함이라"(엡 6:12)라고 기록되어 있습니다. 여기서 "통치자들과 권세들과 이 어둠의 세상 주관자들과 하늘에 있는 악의 영"이 마귀를 의미합니다. 마귀는 대단한 힘을 가지고 있습니다. 마귀를 만만하게 생각해서는 안 됩니다.

고린도후서 4장 4절에 보면, "그중에 이 세상의 신이 믿지 아니하는 자들의 마음을 혼미하게 하여 그리스도의 영광의 복음의 광채가 비치지 못하게 함이니 그리스도는 하나님의 형상이니라"라고 기록되어 있습니다. 여기서 "이 세상의 신"이 바로 마귀입니다. 마귀를 가리켜 "이 세상의 신"이라고 한 것은 마귀가 이 세상에서 군림한다, 이 세상을 통치한다는 의미입니다.

요한복음 14장 30절에 보면, 예수님께서는 "이후에는 내가 너희와 말을 많이 하지 아니하리니 이 세상의 임금이 오겠음이라 그러나 그는 내게 관계할 것이 없으니"라고 말씀하셨습니다. 예수님께서는 마귀를 가리켜 "이 세상의 임금"이라고 말씀하셨습니다. 이 세상 사람들이 마귀를 임금으로 따르고 있다는 의미입니다. 마귀가 세상 사람들에게 강력하게 영향을 끼친다는 뜻입니다.

마귀의 전략

마귀가 이 세상을 지배합니다. 마귀는 예수님께서 재림하시기 전까지 이 세상을 지배합니다. 그러므로 사탄은 우리에게 치명상을 입힐 수 있습니다. 사탄을 이기려면, 사탄의 전략을 제대로 알아야 합니다.

먼저, 예수님께서는 사탄이 어떤 영인지를 가르쳐 주셨습니다. 요한복음 8장 44절에 보면, 예수님께서는 "너희는 너희 아비 마귀에게서 났으니 너희 아비의 욕심대로 너희도 행하고자 하느니라 그는 처음부터 살인한 자요 진리가 그 속에 없으므로 진리에 서지 못하고 거짓을 말할 때마다 제 것으로 말하나니 이는 그가 거짓말쟁이요 거짓의 아비가 되었음이라"라고 말씀하셨습니다.

첫째, 마귀는 처음부터 살인한 자입니다. 마귀는 살인을 행합니다. 마귀가 역사하는 곳에는 살인이 일어납니다. 마귀는 사람을 살리지 않습니다. 마귀는 죽이고 파괴하고 허물어뜨립니다. 또 마귀는 부정적인 감정을 이용합니다. 누구든지 분노할 수 있습니다. 화가 나면 화내야 합니다. 그런데 마귀가 화를 이용할 수 있습니다. 마귀는 우리의 감정을 이용합니다. 분을 계속 품고 있으면, 마귀에게 빌미를 잡히고 맙니다.

마귀는 사람으로 하여금 우울감을 느끼게 합니다. 느끼게 할 뿐만 아니라 우울한 감정에 깊이 빠져 헤어 나오지 못하게 합니다. 그러므로 우리는 자신의 감정을 잘 다스려야 합니다. 찬양하고 기도함으로써 부정적인 감정을 이겨 내야 합니다.

둘째, 사탄은 사람을 속입니다. 그래서 예수님께서는 사탄을 가리켜 "거짓의 아비"(요 8:44)라고 말씀하셨습니다. 거짓의 영이 이 세상을 지배하고 있습니다. 이 세상은 사탄의 왕국입니다. 서로 속고 속이며 살아갑니다. 이 세상은 거짓으로 가득합니다. 무엇이 진실인지 알 수 없습니다.

마귀의 시험을 왜 인식하지 못합니까? 마귀가 사람을 속이기 때문입니다. 마귀는 교묘하게 속입니다. 고린도후서 11장 14-15절에 보면, "이것은 이상한 일이 아니니라 사탄도 자기를 광명의 천사로 가장하나니 그러므로 사탄의 일꾼들도 자기를 의의 일꾼으로 가장하는 것이 또한 대단한 일이 아니니라 그들의 마지막은 그 행위대로 되리라"라고 기록되어 있습니다.

사탄은 "광명의 천사"로 가장합니다. 사탄의 일꾼은 "의의 일꾼"으로 가장합니다. 겉으로는 멋있어 보입니다. 사람들에게 매력적으로 보이고, 고상하게 보입니다. 그래서 많은 사람이 속습니다. 오히려 경계심 없이 잘 따르게 됩니다.

셋째, 마귀는 틈을 노립니다. 은혜를 받을 때는 아무 문제 없습니다. 은혜를 받은 후가 중요합니다. 은혜를 받았다 할지라도, 영적으로 긴장하지 않으면, 마귀가 공격합니다. 마귀의 공격을 받으면 은혜 받은 상태를 유지할 수 없습니다.

사탄은 우리가 영적으로 최상의 상태에 있을 때도 우리를 공격하지만, 주로 영적으로 해이해질 때 공격합니다. 그러므로 마귀에게 틈을 보이면 안 됩니다. 영적으로 긴장 상태를 유지해야 합니다. 깨어 기도하는 것은 영적 전쟁에서 매우 중요합니다. 에베소서 6장 11절에 보면, "마귀의 간계를 능히 대적하기 위하여 하나님의 전신 갑주를 입으라"라고 기록되어 있습니다. 그러나 전신 갑주를 갖추었다고 해도 잠들어 버리면 소용없습니다.

넷째, 사탄은 사람의 말을 이용합니다. 마귀는 사람의 혀를 이용하여 거짓말하게 합니다. 과장해서 말하게 하고, 이간질하게 합니다. 말로써 서로 싸우게 하고, 분열시킵니다. 결국, 인생을 비참하게 만듭니다. 그러므로 우리는 말을 조심해야 합니다. 어디서 무엇을 하든 어떤 경우에도 조심스럽게 말해야 합니다.

다섯째, 마귀는 교묘하고 기이하고 괴이한 방법으로 공격하여 우리도 모르는 사이에 마귀에게 휘둘리게 합니다. 예를 들어, 동성애, 낙태 등에 대해 처음 듣는 사람은 깜짝 놀라며 경각심을 갖기 마련입니다. 그런데 계속 듣다 보면 둔감해집니다. 아무렇지 않게 생각하게 되는 것입니다. 이것이 사탄의 전략입니다. 창세기에 보면, 롯의 가족은 소돔과 고모라의 문화에 깊이 물들어 살았습니다. 하루아침에 그렇게 된 것이 아닙니다.

여섯째, 사탄은 어두운 곳에서 역사합니다. 어두운 곳에서 영향력을 확장합니다. 사탄은 빛을 싫어하기 때문입니다. 사탄이 어두운 곳을 좋아하는 이유는 자신을 숨기려고 하기 때문입니다. 그래서 사탄을 가리켜 "어둠의 세상 주관자"(엡 6:12)라고 말합니다.

이 세상은 어둠 가운데 있습니다. 세상은 빛을 가리려고 하고, 진리를 숨기려고 합니다. 그러므로 세상은 빛 된 하나님의 자녀를 싫어합니다. 세상 사람들은 빛을 싫어합니다.

우리는 사탄이 다양한 방법으로 역사한다는 것을 기억해야 합니다. 영적 전쟁을 이해할 때, 우리는 사탄에게 넘어가지 않을 수 있습니다.

마귀를 대적하라

우리는 사탄을 대적해야 합니다. 사탄을 대적하는 것은 영적 전쟁에서 매우 중요합니다.

야고보서 4장 7절에 보면, "그런즉 너희는 하나님께 복종할지 어다 마귀를 대적하라 그리하면 너희를 피하리라"라고 기록되어 있습니다. 또 베드로전서 5장 8-9절에 보면, "근신하라 깨어라 너희 대적 마귀가 우는 사자같이 두루 다니며 삼킬 자를 찾나니 너희는 믿음을 굳건하게 하여 그를 대적하라"라고 기록되어 있습니다. 그러면 우리는 어떻게 대적해야 합니까?

마귀는 멀리 있지 않고, 가까이에 있습니다. 사탄은 이 세상의 배후에서 움직입니다. 우리는 그것을 정확하게 파악해야 합니다. 그러므로 깨어 있어야 합니다. 영적 경계심을 유지해야 합니다. 정신을 차리지 않으면, 마귀에게 당할 수밖에 없습니다. 마귀에게 휘둘립니다. 그렇게 되면, 개인과 가정, 교회와 나라가 무너집니다. 마귀는 잔인하고 폭력적입니다. 교회를 망가뜨리고, 가정을 무너뜨리며 모든 관계를 깨뜨립니다.

그러므로 교회가 연합하는 것은 매우 중요합니다. 교회가 연합

하면 강력해집니다. 교회가 연합할 때, 엄청난 역사가 일어납니다. 에베소서 6장 18절에 보면, "모든 기노와 간구를 하되 항상 성령 안에서 기도하고 이를 위하여 깨어 구하기를 항상 힘쓰며 여러 성도를 위하여 구하라"라고 기록되어 있습니다. "여러 성도를 위하여", 곧 교회를 위해 깨어 있으십시오.

또한 영적 전쟁에서 중요한 것은 정직입니다. 하나님의 사람은 정직해야 합니다. 평소에 정직하게 살아야 합니다. 숨기거나 거짓을 행해서는 안 됩니다. 감추어서도 안 됩니다. 작은 거짓말을 대수롭지 않게 여겨서는 안 됩니다. 그뿐만 아니라 매사에 근신해야 합니다. 즉 말이나 행동을 삼가고 조심해야 합니다. 베드로전서 1장 13절에 보면, "그러므로 너희 마음의 허리를 동이고 근신하여 예수 그리스도께서 나타나실 때에 너희에게 가져다주실 은혜를 온전히 바랄지어다"라고 기록되어 있습니다.

무엇보다 공격이야말로 최상의 방어책입니다. 소극적으로 행동해서는 안 됩니다. 마귀를 두려워해서도 안 됩니다. 수세에 몰리면 안 됩니다. 오히려 선제공격해야 합니다. 그러므로 신앙생활을 적극적으로 해야 합니다. 말씀을 선포해야 합니다. 이것이 바로 공격입니다.

베드로전서 4장 7절에 보면, "만물의 마지막이 가까이 왔으니 그러므로 너희는 정신을 차리고 근신하여 기도하라"라고 기록되어 있습니다. 마귀는 자기 때가 얼마 남지 않은 것을 알고, 우는 사자같이 두루 다니며 쉴 새 없이 삼킬 자를 찾고 있습니다. 한 영혼이라도 더 넘어뜨리기 위해 온갖 힘을 쏟아붓고 있습니다. 그러니 교회든 가정이든 마귀에게 걸려들면 치명상을 입기 쉽습니다.

그러므로 깨어 기도하십시오. 진리로 무장하십시오. 기도의 자리를 지키고, 은혜 받는 일에 힘쓰십시오. 그리하여 영적 전쟁에서 승리하길 바랍니다.

2장. 영적 전쟁은 생각에서 벌어진다

롬 8:7

 육신의 생각은 하나님과 원수가 되나니 이
는 하나님의 법에 굴복하지 아니할 뿐 아니
라 할 수도 없음이라

사람은 생각하는 대로 행동합니다. 행동은 생각의 결과입니다. 내가 어떻게 생각하는가가 나의 정체성입니다. 생각하는 대로 삽니다. 그러므로 생각이 곧 인격입니다. 마귀는 사람의 생각을 공격합니다. 사탄은 사람의 생각을 점령하려고 합니다. 사탄이 사람의 생각을 점령하면, 사람은 타락하기 시작합니다.

로마서 1장 22-25절에 보면, "스스로 지혜 있다 하나 어리석게 되어 썩어지지 아니하는 하나님의 영광을 썩어질 사람과 새와 짐승과 기어다니는 동물 모양의 우상으로 바꾸었느니라 그러므로 하나님께서 그들을 마음의 정욕대로 더러움에 내버려 두사 그들의 몸을 서로 욕되게 하게 하셨으니 이는 그들이 하나님의 진리를 거짓 것으로 바꾸어 피조물을 조물주보다 더 경배하고 섬김이라"라고 기록되어 있습니다.

이것이 이 세상의 모습입니다. 이러한 일이 날마다 우리의 눈앞에서 일어나고 있습니다. 우리는 날마다 이것을 눈으로 목격합니다. 마귀는 2천 년 전이나 지금이나 동일하게 역사하기 때문입니다.

하나님과 원수 되는 생각

생각이 어디에서 비롯되었는가가 중요합니다. 사람의 생각에는 하나님으로부터 비롯된 생각, 세상으로부터 비롯된 생각, 그리고 사탄으로부터 비롯된 생각이 있습니다. 그러므로 자기 생각이 어디에서 비롯되었는가를 정확히 알아야 합니다. 생각의 출처를 올바르게 분별할 줄 알아야 합니다. 분별력을 가지려면, 영적으로 깨어 있어야 합니다.

로마서 8장 5절에 보면, "육신을 따르는 자는 육신의 일을, 영을 따르는 자는 영의 일을 생각하나니"라고 기록되어 있습니다. 사람은 생각하는 대로 행동합니다. 내면의 생각이 사고체계와 세계관을 형성합니다. 육신을 따르는가, 영을 따르는가에 따라 삶이 달라집니다. 마귀는 육신을 따르도록 이끕니다. 그러나 성령은 영의 일을 생각하게 합니다.

로마서 8장 7절에는 "육신의 생각은 하나님과 원수가 되나니 이는 하나님의 법에 굴복하지 아니할 뿐 아니라 할 수도 없음이라"라고 기록되어 있습니다. 마귀는 우리에게 육신의 생각을 집어넣습니다. 육신의 생각은 하나님과 원수가 됩니다. 그러므로 육신의 생각을 하는 사람은 하나님의 말씀에 저항합니다.

하나님의 말씀대로 순종하지 않습니다.

사탄은 사람으로 하여금 "육신의 정욕과 안목의 정욕과 이생의 자랑"(요일 2:16)을 생각하게 하고, 이것들을 따라 살게 합니다. 육신의 정욕, 안목의 정욕, 이생의 자랑은 한마디로 육신의 생각입니다. 육신을 생각하는 사람은 하나님을 생각하지 않습니다. 사람의 육신은 죄의 지배를 받습니다. 그러므로 육신의 생각은 타락한 생각입니다.

하나님을 알려고 하지 않는 육신의 사람은 하나님과 관련된 것을 거부합니다. 하나님의 진리를 거짓된 것으로 바꾸어 피조물을 조물주보다 더 경배합니다. 자기 생각이 옳지 않다는 것을 알면서도 그것을 포기하지 않는 사람은 참된 것을 생각하려 하지 않습니다. 그리하여 이성이 점점 어두워지고, 욕망은 점점 더 커집니다. 생각이 타락한 사람은 하나님을 거부하고, 결국 "육신의 정욕과 안목의 정욕과 이생의 자랑"을 따라 살아갑니다.

로마서 1장 21절에 보면, "하나님을 알되 하나님을 영화롭게도 아니하며 감사하지도 아니하고 오히려 그 생각이 허망하여지며 미련한 마음이 어두워졌나니"라고 기록되어 있습니다. 죄인의 생각은 허망합니다. 죄인은 허망한 것을 좋아합니다. 허망한 것을 생각하기에 허망하게 행동합니다. 그러므로 그의 인생은 허망해집니다.

마태복음 16장 13-17절에 보면, "예수께서 빌립보 가이사랴 지방에 이르러 제자들에게 물어 이르시되 사람들이 인자를 누구라 하느냐 이르되 더러는 세례 요한, 더러는 엘리야, 어떤 이는 예레미야나 선지자 중의 하나라 하나이다 이르시되 너희는 나를 누구라 하느냐 시몬 베드로가 대답하여 이르되 주는 그리스도시요 살아 계신 하나님의 아들이시니이다 예수께서 대답하여 이르시되 바요나 시몬아 네가 복이 있도다 이를 네게 알게 한 이는 혈육이 아니요 하늘에 계신 내 아버지시니라"라고 기록되어 있습니다.

그런데 마태복음 16장 21-23절에 보면, "이때로부터 예수 그리스도께서 자기가 예루살렘에 올라가 장로들과 대제사장들과 서기관들에게 많은 고난을 받고 죽임을 당하고 제삼 일에 살아나야 할 것을 제자들에게 비로소 나타내시니 베드로가 예수를 붙들고 항변하여 이르되 주여 그리 마옵소서 이 일이 결코 주께 미치지 아니하리이다 예수께서 돌이키시며 베드로에게 이르시되 사탄아 내 뒤로 물러가라 너는 나를 넘어지게 하는 자로다 네가 하나님의 일을 생각하지 아니하고 도리어 사람의 일을 생각하는도다 하시고"라고 기록되어 있습니다.

베드로는 예수님을 지키고 보호하려는 생각으로 예수님께 "주여 그리 마옵소서 이 일이 결코 주께 미치지 아니하리이다"라고 말했지만, 그것은 예수님을 지키고 보호하는 것이 아니라 예수님께서 가시는 길을 방해하는 것이었습니다.

예수님께서 당신이 십자가에 못 박혀 죽을 것이라고 여러 번 말씀하셨는데도 베드로는 예수님의 말씀을 알아듣지 못했습니다. 그는 예수님을 따랐지만, 예수님의 길이 아닌 자신의 길을 갔습니다. 자신의 살길을 생각한 것입니다.

사탄이 좋아하는 생각을 하면, 사탄의 밥이 됩니다. 사탄이 주는 생각을 품고 있으면, 사탄의 밥이 될 수밖에 없습니다. 사탄이 주는 생각은 반드시 몰아내야 합니다.

생각을 방치하지 말라

마귀는 사람의 마음에 수많은 생각을 집어넣습니다. 사탄은 사람의 생각을 통해 역사하기 때문입니다. 어두운 생각, 파괴적인 생각이 마음에 들어오면, 정신을 차리지 못합니다. 가룟 유다를 보면, 그것을 알 수 있습니다. 요한복음 13장 2절에 보면, "마귀가 벌써 시몬의 아들 가룟 유다의 마음에 예수를 팔려는 생각을 넣었더라"라고 기록되어 있습니다. 이로 인해 가룟 유다는 끔찍한 죄를 저지르고 말았습니다.

예수님께서는 가룟 유다가 변심한 것과 장차 예수님을 배반할 것을 아셨습니다. 요한복음 13장 27절에 보면, "조각을 받은 후 곧 사탄이 그 속에 들어간지라 이에 예수께서 유다에게 이르시되 네가 하는 일을 속히 하라 하시니"라고 기록되어 있습니다. 가룟 유다 속에 마귀가 있다는 것을 예수님 외에는 누구도 알지 못했습니다. 제자들은 가룟 유다와 내내 함께 있었음에도 몰랐습니다. 예수님께서 "내가 진실로 너희에게 이르노니 너희 중의 한 사람이 나를 팔리라"(마 26:21)라고 넌지시 말씀하셨는데도 아무도 눈치채지 못했습니다.

예수님의 제자가 예수님을 팔아 버리다니 있을 수 있는 일입니까? 생각 속에 마귀가 들어오면, 거짓되고 악한 것을 저항하지 않고 받아들이게 됩니다. 분별력이 없어집니다. 결국, 가룟 유다가 예수님께 입을 맞추었고, 예수님은 "검과 몽치"(막 14:43)로 무장한 자들에게 붙잡혀 가셨습니다. 사탄이 자신의 정체를 드러내는 때가 있습니다. 가룟 유다도 이때 자신의 정체를 드러낸 것입니다.

생각은 진공 상태가 아닙니다. 그리고 사람에게는 죄성이 있습니다. 생각하기를 멈추면, 마귀가 나쁜 생각을 집어넣습니다. 그런데 사람들은 생각을 대수롭지 않게 여기고, 생각을 관리하지 않습니다. 생각의 영역을 관리하지 않으면, 마귀가 생각을 장악하고 맙니다. 그러므로 생각을 대수롭지 않게 여겨서는 안 됩니다. 오히려 생각은 핵폭탄과도 같습니다. 생각이 사람으로 하여금 행동하게 하기 때문입니다. 사탄은 생각을 통해 역사합니다. 생각은 사탄의 주 활동 무대임을 기억하십시오. 마귀가 생각을 장악하면, 생각은 마귀의 놀이터가 됩니다.

그런데 생각은 가만히 있지 않습니다. 생각은 자라납니다. 무엇인가 오랫동안 생각하면, 그것이 사고 체계를 형성하고, 세계관을 형성합니다. 세계관이 되어 버리면 좀체 돌이킬 수가 없습니다. 말씀을 듣지만, 귀에 들어오지 않습니다. 오히려 말씀을 거부하고 싶어집니다. 말씀을 들어도 변화되지 않습니다. 그러다가 마침내 손을 쓸 수 없게 됩니다. 결국, 마귀의 도구가 될 수밖에 없습니다.

그러니 생각을 방치해서는 안 됩니다. 미워하는 마음, 경쟁심, 두려움, 불안함, 열등감, 죄책감, 부정적인 생각, 음란한 생각 등을 그대로 두어서는 안 됩니다. 좋지 않은 생각들을 방치하면, 은혜를 받을 수 없습니다.

오염된 생각을 깨끗하게 하는 방법

오늘날 우리는 소돔과 고모라와 같은 세상, 마귀가 지배하는 세상에서 살고 있습니다. 그래서 생각이 많이 오염되었습니다. 마귀의 활동 무대는 광범위합니다. 마귀는 매우 적극적으로 활동합니다. 마귀는 매스 미디어를 적극적으로 사용합니다. 그중에서도 인터넷은 마귀가 즐겨 사용하는 도구입니다. 인터넷은 사람들에게 유익한 정보를 제공하지만, 인터넷을 통해 우리 안에 들어온 정보와 지식이 생각을 양산하기 때문입니다. 그러므로 자신의 마음에 무엇이 있는가, 무엇을 생각하는가를 살펴보아야 합니다.

세상을 살다 보면, 자신이 원하든 원하지 않든 세상으로부터 많은 메시지를 받습니다. 사람들과의 대화를 통해서도, TV를 통해서도 많은 메시지를 받습니다. 이것들이 우리 생각에 영향을 끼칩니다. 그러므로 치명적인 손상을 입힐 수 있는 유해(有害) 환경에 생각을 노출해서는 안 될 것입니다.

사람들은 자극적인 것을 원합니다. 그래서 갈수록 더 잔인해집니다. 오늘날 폭력적이고 선정적인 영화가 얼마나 많습니까? 보편적인 윤리의 기준이 없습니다. 좋지 않은 생각이 문화를 뒤덮고 있는데, 저항하지 못하고 오히려 합리화합니다. 이것이 마귀의 궤계입니다. 그러므로 생각을 그대로 두어서는 안 됩니다. 생각이 어디에서 비롯되었는가를 분별해야 합니다. 좋지 않은 생각을 적극적으로 걸러 내야 합니다.

영적 전쟁은 생각에서부터 시작된다는 것을 기억하십시오. 마귀는 사람의 생각을 매우 적극적으로 공격하므로 우리는 마귀보다 더 적극적으로 우리 생각을 지켜야 합니다. 말씀 묵상은 마귀가 집어넣은 거짓된 생각, 부정적인 생각 등을 밀어내고, 하나님의 말씀으로 채워 넣는 일입니다. 그러므로 날마다 하나님의 말씀을 묵상하십시오. 주야(晝夜)로 하나님의 말씀을 묵상하십시오. 날마다 말씀을 먹고, 말씀으로 무장하지 않으면, 마귀가 언제든지 우리 생각을 넘볼 것입니다.

하나님의 생각과 우리 생각이 일치해야 합니다. 우리 생각이 하나님의 생각과 일치하지 않으면, 마귀가 우리 생각을 채갈 수 있습니다. 잠언 4장 23절에 보면, "모든 지킬 만한 것 중에 더욱 네 마음을 지키라 생명의 근원이 이에서 남이니라"라고 기록되어 있습니다. 그러므로 말씀을 묵상하는 것이 중요합니다. 우리 안에 가득한 오염된 생각을 말씀으로 몰아내야 합니다.

영적 전쟁에서 승리하고 싶다면, 신앙생활을 적극적으로 하십시오. 그러려면 성령님을 마음에 모셔 들여야 합니다. 성령님이 누구십니까? 예수님이 승천하시고 나서 하나님이 보혜사 성령님을 보내 주셨습니다. 성령으로 말미암아 교회가 시작되었고, 성령으로 말미암아 복음이 전파되기 시작했습니다.

그리고 성령의 영감으로 하나님의 말씀이 기록되었습니다. 성령으로 말미암아 우리에게 믿음이 생기고, 성령으로 말미암아 하나님의 말씀을 깨닫습니다. 이처럼 우리는 성령과 상관없이는 신앙생활을 할 수 없습니다. 그러므로 성령을 올바로 이해하고, 성령님을 마음에 모셔 들여야 합니다.

예수님께서는 성령님과 늘 함께하셨습니다. 공생애를 시작하시기 전, 마귀의 시험을 받으실 때도 성령님과 함께하셨습니다. 그러므로 우리도 성령님과 늘 함께해야 합니다. 인격적인 성령님은 우리와 대화하고 교제하십니다. 우리는 성령님과 친밀해야 합니다.

영적 전쟁을 만만하게 생각하지 마십시오. 성령께서 우리에게 영향을 끼치시는 것처럼 마귀도 우리에게 영향을 끼칩니다. 마귀는 추상적인 존재가 아니라 실존적인 존재입니다. 성령과 마귀를 분명하게 이해하는 것은 신앙생활의 기본입니다. 가정에서든 교회에서든 성령의 역사가 일어나는 곳에는 마귀도 반드시 활동합니다. 성령의 역사가 강하게 일어날수록 마귀도 가만히 있지 않습니다. 성령의 역사로 말미암아 교회가 부흥할 때, 마귀도 극성을 부립니다. 그러므로 영적 분별력을 가져야 합니다. 늘 깨어 있어야 합니다. 하나님의 말씀과 기도와 성령으로 무장해야 합니다. 그렇게 할 때, 마귀가 움직이는 것이 보입니다. 하나님의 말씀으로 승리하길 바랍니다.

생각은 마귀의 놀이터입니다.
마귀가 주는 생각은
적극적으로 몰아내고,
하나님의 말씀과 기도와 성령으로
생각을 지켜야 합니다.

3장. 세상을 능히 이길 힘을 구하라

엡 6:10
끝으로 너희가 주 안에서와 그 힘의 능력으
로 강건하여지고

힘을 갖는다는 것은 매우 매력적인 일입니다. 많은 사람이 힘을 얻길 원합니다. 사회생활은 일종의 파워 게임(power game)입니다. 다시 말하자면, 사회는 힘겨루기의 장이라고 할 수 있습니다. 직장에서든 사업장에서든 누구나 힘겨루기하며 살아갑니다. 힘이 없으면, 고생하고 실패하기 일쑤입니다.

우리의 신앙생활도 일종의 파워 게임입니다. 사탄과 영적 전쟁을 하며 살아가야 하기 때문입니다. 우리가 가진 힘이 우리 앞에 닥친 문제보다 크면, 넉넉히 이길 수 있습니다. 문제와 사건을 감당할 힘이 있는 사람은 문제 상황을 쉽게 뛰어넘습니다. 고난을 만나도 쉽게 지나칠 수 있습니다.

그러나 마귀보다 힘이 약해지면 죄짓고 실패할 수밖에 없습니다. 세상을 이길 힘을 얻지 못하면, 세상에 무릎 꿇게 됩니다. 가진 자 앞에 무릎 꿇고, 세상 권세에 무릎 꿇고, 먹고살기 위해 머리를 숙이게 됩니다. 마귀에게 끌려다니는 불행한 인생을 살아야 합니다. 신앙생활을 대충 하면, 그렇게 됩니다. 세상을 이길 힘은 신앙생활에서 얻는 것이기 때문입니다.

세상의 성공과 영적인 강함은 다르다

주말이 되면, 세상 사람들은 들로 산으로 놀러 다니거나 술 마시러 다닙니다. 그러나 우리는 예배드리고, 성경 공부를 하고 기도합니다. 그런데 들로 산으로 다니는 것과 교회에 다니는 것 말고는 구별되는 점이 없다면, 문제입니다. 세상 사람들은 취미 활동을 하고, 우리는 종교 활동을 하는 것일 뿐입니다. 세상 사람들은 술집에서 모이고, 우리는 교회에서 모인다는 것 외에 다른 것이 무엇입니까? 세상 사람들은 술 마시고 노느라 얼굴이 까칠하고, 우리는 철야 기도하느라 얼굴이 까칠할 뿐입니다. 월요일에 직장에서 만난 세상 사람들의 모습과 우리 모습이 똑같다면, 우리에게서 아무런 능력이 나타나지 않는다는 뜻입니다. 그러니 세상 사람들이 그리스도인을 매력적으로 여길 리 없습니다.

세상 사람들도 믿는 것이 있습니다. 세상에도 매력적인 것이 많습니다. 즐겁게 해 주는 것들이 많습니다. 우선 돈이 있습니다. 돈은 대단한 것입니다. 세상 사람들은 돈을 믿습니다. 세상 사람들은 돈에서 부활을 경험합니다. 돈은 세상 사람들에게 전능한 신이요 권세입니다.

그런데 우리의 믿음은 어떻습니까? 세상 사람들이 돈을 믿는 만큼도 믿지 못할 때가 많습니다. 철야 기도도 계속하다 보면, 일종의 종교 활동이 됩니다. 찬양하고 말씀 듣고 10분 정도 기도하다가 돌아가도 삶이 전혀 달라지지 않습니다. 그러다가 세상 사람들이 믿는 돈이 내뿜는 매력에 빠지기라도 하면, "하나님, 저는 왜 이렇게 살아야 하나요?" 하며 신세 한탄하게 됩니다. 세상을 이길 힘을 얻으려면, 대체 우리는 어떻게 살아야 할까요?

에베소서 6장 10절에 보면, 바울은 "주 안에서와 그 힘의 능력으로 강건하여지고"라고 말했습니다. 여기에 보면, "힘"이라는 단어와 "능력"이라는 단어가 나옵니다. 또 "강건"이라는 단어도 나옵니다. 모두 비슷한 뜻입니다. 짧은 구절 안에서 같은 의미의 세 단어가 연달아 나온 것입니다. 6장 11-12절에는 "마귀의 간계를 능히 대적하기 위하여 하나님의 전신 갑주를 입으라 우리의 씨름은 혈과 육을 상대하는 것이 아니요 통치자들과 권세들과 이 어둠의 세상 주관자들과 하늘에 있는 악의 영들을 상대함이라"라고 기록되어 있습니다. 우리가 왜 능력을 갖추어야 하는가를 말하고 있습니다. 우리가 싸워야 할 대상은 강하고, 다양한 악의 실체가 우리 주변에 포진해 있다는 것입니다.

"힘"과 "능력"과 "강건"은 무엇을 의미합니까? '강함'을 의미합니다. 그런데 성공과 강함을 혼동해서는 안 됩니다. 성공과 강함은 서로 관련이 없습니다. 사람들은 세상 권세가 곧 강함이라고 생각합니다. 그러나 그것은 오해입니다. 세상적으로 성공하는 것과 영적으로 강한 것은 다르기 때문입니다.

세상 권세가 겉보기에는 대단해 보이지만, 사실 별것 아닙니다. 오래가지 않습니다. 돈이든 명예든 인기든 한때뿐이고, 금세 사라집니다. 권세를 10년 넘게 누리는 사람을 본 적 있습니까? 그런 사람은 없습니다. 세상 권세나 돈의 힘은 모래성과도 같습니다. 거대한 파도가 밀려오면, 힘없이 사라져 버립니다. 게다가 세상적인 성공이 오히려 우리를 쇠퇴하게 만들 수 있습니다. 영적인 힘을 잃게 할 수 있기 때문입니다.

세상적인 힘을 가지면, 왜 영적으로 약해집니까? 답은 간단합니다. 교만해지기 때문입니다. 교만하면, 하나님의 능력과 자기 능력을 혼동하게 되고, 결국 하나님의 능력을 의지하지 않게 됩니다. 신자가 세상 속에서 살아갈 때, 하나님의 능력이 있어야 합니다. 하나님의 능력을 의지해야 세상을 넉넉히 이길 수 있습니다. 그러나 의지하지 않으면, 세상에 질 수밖에 없습니다. 그만큼 교만은 무서운 것입니다. 삼손이 하나님의 능력을 잃어버렸을 때, 블레셋에 조롱거리가 되었습니다. 머리카락은 잘리고, 눈은 뽑히고, 줄에 묶여 블레셋 사람들 앞에서 재주를 부려야 했습니다(삿 16장). 하나님의 백성들이 능력을 잃으면, 세상에서 재주를 부리며 비참하게 살게 됩니다. 세상이 그것을 잘 압니다.

사탄은 우리를 어떻게 다루어야 할지를 압니다. 우리가 믿는다고 말하면서도 능력이 전혀 없다는 사실을 알면, 사탄은 가만히 있지 않습니다. 사탄이 왜 우리를 공격합니까? 우리가 만만해 보이기 때문입니다. 그렇지 않아도 신자를 대적하는 무리가 이 세상에 가득한데, 세상을 이길 힘이 없는 신자에게는 대적이 구름떼처럼 달려듭니다. 악의 무리가 우리 주변에 진을 치고 있다는 것을 알아야 합니다.

거룩함이 영적 강함의 원천이다

어떻게 하면 영적인 강함을 얻을 수 있을까요? 우선 구별된 삶을 살아야 합니다. 즉 거룩하게 살아야 합니다. 바벨론에 포로로 끌려간 다니엘은 거룩을 지켰습니다(단1장). 그것이 다니엘의 힘이었습니다. 다니엘이 구별된 삶을 살 때, 위로부터 힘이 주어졌습니다. 구별이 곧 힘이요 거룩이 영적인 강함의 원천입니다. 그래서 나라가 세 번 바뀌는 동안에도 다니엘은 권력을 유지할 수 있었고, 그 권력으로 이방 땅 가운데서 하나님의 통치를 드러낼 수 있었습니다. 심지어 사자 굴에 던져지기까지 했지만, 그는 언제나 하나님의 능력과 은혜 가운데 있었습니다.

그 능력이 어디에서 비롯되었을까요? 다니엘은 처음부터 거룩에 승부를 걸었습니다. 그는 세속 도시의 한복판에서, 화려함의 극치인 왕궁에서 하나님의 백성으로서의 자기 정체성을 지키기로 마음먹었습니다. 다니엘은 변절하지 않았고, 끝까지 거룩을 지켰습니다. 그렇게 할 때, 하늘의 능력이 다니엘에게 임했습니다.

영적인 강함을 얻는 기준은 거룩입니다. 그 엄격한 기준을 통과한 다니엘의 비결은 무엇입니까? 기도입니다. 다니엘이 세상의 힘으로 가득한 바벨론의 세속 도시 한가운데서 거룩을 지킬 수 있었던 것은 기도 덕분입니다. 다니엘은 왜 기도할 때마다 예루살렘을 향해 창문을 열었습니까? 그 시대의 화려한 문명을 바라보는 대신에 하나님이 계신 곳을 응시하기 위해서입니다. 기도할 때 왜 눈을 감을까요? 세상을 바라보지 않고, 하나님의 임재만을 바라보기 위해서입니다.

바벨론의 정책은 유다에서 잡혀 온 포로들에게서 이스라엘 민족의 정체성을 지워 버리는 것이었습니다. 하나님의 언약 백성으로서의 정체성을 지워 버리고, 세속적인 바벨론의 백성으로 바꾸어 놓으려고 했습니다. 그래서 이름을 바꾸게 하고, 바벨론식으로 식사하게 했습니다. 만일 다니엘과 세 친구가 바벨론 왕실이 베푸는 향응에 도취하였더라면, 그들은 영적으로 추락하고 말았을 것입니다. 그러나 다니엘과 세 친구는 거룩을 생명처럼 붙들었으므로 왕의 음식을 거절하고 세속화의 유혹을 떨쳐 낼 수 있었습니다. 다니엘은 기도 덕분에 거룩을 지킬 수 있었고, 하늘의 능력을 힘입을 수 있었습니다.

오늘날 세상은 현대판 바벨론 제국이라고 해도 과언이 아닙니다. 세속화의 물결이 어찌나 거센지 목사도 떠내려갈 것 같습니다. 범람하는 세속화의 물결을 어떤 것으로도 막을 수가 없습니다. 정신을 똑바로 차리지 않으면, 세상의 포로가 되고 말 것입니다. 지금 우리는 바벨론 포로 시대처럼 영적 포로 시대를 살아가고 있는 셈입니다.

세상은 우리에게서 하나님의 백성으로서의 정체성을 빼앗으려고 발버둥을 칩니다. 하나님께 기도하고 응답을 받아 대학교에 입학하거나 회사에 취직하고 나면, 세상은 술 한 잔 권하는 것을 시작으로 우리의 정체성 지우기에 나섭니다. 하나님의 백성으로서 구별된 삶을 포기하면, 세상의 포로가 됩니다. 세상의 아들딸이 되고, 어둠의 자식이 됩니다. 세상 문화가 우리 마음을 흔듭니다. 보기에 좋고 화려한 것을 계속 바라보다 보면, 마음이 흔들릴 수밖에 없습니다. 누구든지 그렇습니다. 화려한 것을 좋아하지 않는 사람이 있겠습니까? 굉장히 매력적으로 보입니다. 그 앞에 계속 있으면, 마음을 빼앗기고 말 것입니다.

기도야말로 빗발치듯 공격해 오는 세상 문화를 거스르며 자신을 지키는 방법입니다. 핵심은 거룩을 지키는 것입니다. 세상을 닮아 가면 거룩을 잃게 되고, 거룩을 잃으면 능력이 사라집니다. 거룩을 지켜야 강해집니다. 거룩을 통해 하늘의 능력이 임하기 때문입니다. 하늘의 능력을 얻지 못하면, 삶의 에너지가 새어 나갑니다. 에너지 방출이 심해집니다. 에너지가 방전

되면, 마귀에게 휘둘리게 됩니다. 그렇게 되면 인생이 허무해집니다.

경건한 삶은 복잡하지 않고, 혼탁하지 않습니다. 경건의 삶은 여러 가지를 따르지 않고, 오직 하나만을 따릅니다. 오직 예수 그리스도의 권세만을 따릅니다. 그런데 우리는 너무 많은 것을 붙들고 살아갑니다. 불필요한 것들은 정리하시길 바랍니다. 예수 그리스도께 초점을 맞추고 살아갈 때, 하늘의 능력이 우리에게 임할 것입니다. 예수 이름에 모든 것을 걸고 살아갈 때, 예수 이름의 권세가 우리에게 주어집니다. 예수 이름의 권세보다 강한 것은 없습니다. 하늘로부터 주어지는 권세는 이 세상을 뒤집고도 남을 능력이 있습니다.

중요한 것은 속사람의 강함이다

신자의 강함은 내적인 것입니다. 에베소서 3장 16절에 보면, "그의 영광의 풍성함을 따라 그의 성령으로 말미암아 너희 속사람을 능력으로 강건하게 하시오며"라고 기록되어 있습니다. 여기서 "속사람"이란 내면, 즉 영혼을 가리킵니다. 바울은 겉 사람과 속사람이 있다는 것을 알았고, 정확하게 이해했습니다. 중요한 것은 겉 사람이 아니라 속사람입니다.

겉으로는 믿음이 강해 보여도 속사람이 강하지 않으면, 즉 신자로서 실력을 닦지 않으면 허세가 드러나기 마련입니다. 한번 흔들어 보면, 금세 실체가 드러납니다. 베드로를 보십시오. 항상 자신을 드러내던 그는 겉으로 보면 매우 강한 사람이었습니다. 어부 출신의 그는 성격도 강해 보였지만, 무엇보다도 믿음이 강한 제자처럼 보였습니다. 그러나 속사람은 굉장히 약했습니다. 그래서 믿음으로 물 위를 걸었지만, 곧 풍랑을 무서워하며 바다에 빠졌습니다. 또 예수님이 잡혀가신 밤에는 여종 앞에서 예수님을 모른다고 부인했습니다. 이처럼 실제로 강한 것과 강한 척하는 것은 전혀 다릅니다. 척하는 신앙은 오래 버티지 못하고 곧 들통나고 맙니다.

무릇 겉보다는 속이 중요한 법입니다. 중고차를 살 때도 외관보다는 속을 들여다봐야 손해 보지 않습니다. 속이 빈 사람일수록 겉멋을 부립니다. 그러니 화려한 외형에 속지 말아야 합니다. 왜 다른 사람의 말을 듣고 밤잠을 설칩니까? 속이 차지 않았기 때문입니다. 내면이 강건하지 않기 때문입니다. 죽도록 일했건만 사람들이 칭찬해 주지 않고 인정해 주지 않아서 시험에 든다면, 아직 내면이 약한 탓입니다. 다른 사람의 평가에 노심초사하고, 사람들에게 무시당할까 봐 늘 긴장하는 사람은 속이 꽉 차 있다고 할 수 없습니다.

겉모습으로는 믿음의 실력을 알 수 없지만, 실체가 드러날 기회는 얼마든지 있습니다. 그러므로 겉으로 드러내는 허풍, 허세, 허영 등을 제거하고, 속사람을 강화하는 데 집중해야 합니다. 속사람이 강화되지 않으면, 하나님의 축복을 누리지 못하고, 유지하지도 못합니다. 속사람이 강해야 힘들고 어려운 일이 닥쳐도, 흔들리지 않습니다. 그래야 신앙생활의 파워 게임에서 승리할 수 있습니다.

그런데 강함의 능력은 우리에게서 나오는 것이 아닙니다. 우리 힘으로는 악의 세력과 싸워 이길 수 없습니다. 우리는 능력이 우리 자신에게서 나오지 않는다는 것을 바로 이해해야 합니다. 우리 자신은 아무런 능력이 없습니다. 강한 능력의 출처를 바로 알아야만 합니다. 이것이 대단히 중요합니다. 에베소서 3장 16절에 보면, "그의 성령으로 말미암아 너희 속사람을 능력으로 강건하게 하시오며"라고 기록되어 있습니다. 또 빌립보서 4장 13절에 보면, "내게 능력 주시는 자 안에서 내가 모든 것을 할 수 있느니라"라고 기록되어 있습니다. 그렇습니다. 우리에게 강함의 능력을 공급하시는 분은 바로 성령이십니다. 승리하신 주님이 우리 안에 계셔야 우리도 승리할 수 있는데, 우리를 주님과 하나 되게 하시는 이가 바로 성령이십니다.

성령이 도와주시지 않으면, 우리는 그 자리에 멈추어 있을 수밖에 없습니다. 지난날 대단하게 쓰임 받았다 할지라도, 성령께서 은혜를 계속 부어 주시지 않으면, 우리는 아무것도 아닙니다. 성령으로부터 능력을 받으려면, 어떻게 해야 합니까? 노력해서 되는 일이 아닙니다. 훈련한다고 되는 것도 아닙니다. 일정한 과정을 거친다고 되는 일도 아닙니다. 오히려 힘을 빼고 전적으로 하나님을 의지해야 합니다. 사도 바울은 고린도후서 12장 10절에서 "내가 약한 그때에 강함이라"라고 말했습니다. 약해야만 하나님을 의지하기 때문입니다.

왜 기도해야 합니까? 하나님께서 능력을 주시지 않으면, 우리는 아무 일도 할 수 없기 때문입니다. 자기 힘으로 할 수 없다는 것을 알면, 기도의 양과 질이 달라집니다. 기도가 길어진다는 것은 자신의 약함을 안다는 뜻입니다. 자신이 강한 줄로 착각할 때, 기도가 짧아집니다. 기도로써 하나님과 온전히 하나가 될 때, 하나님의 강한 능력이 우리에게 부어집니다. 세상을 뒤집고도 남을 능력, 세상을 이길 그 능력이 하나님께 있습니다. 예수님의 복음에 사로잡히고, 성령의 능력이 덧입혀지면, 사탄이라도 우리를 감당할 수 없습니다.

사도행전의 제자들은 능력을 덧입은 후 이전과는 전혀 다른 삶을 살았습니다. 그들은 예수님의 이름을 선포하며 나면서부터 못 걷게 된 이를 일으켰습니다. 우리는 현대판 바벨론 제국에서 살고 있습니다. 이곳에서 포로로만 살아가시겠습니까? 아니면 속사람의 강한 능력으로 세상을 뒤집어 놓으시겠습니까? 현대판 바벨론 제국의 한복판에서 신(新)사도행전을 써 내려가는 능력 있는 하나님의 백성들이 되기를 바랍니다.

성경을 보면, 하나님께서 직접 능력을 드러내실 때도 있지만, 대부분 사람을 통해 능력을 드러내십니다. 하나님께서는 우리를 통해 하나님의 능력을 드러내길 원하십니다. 하나님께서는 우리를 통해 하나님의 능력을 드러내심으로써 세상 가운데서 영광을 받길 원하십니다. 그러므로 우리는 하나님의 능력이 흘러가고, 하나님의 능력이 드러니는 통로 역할을 해야 합니다.

세상에서 신자가 누릴 수 있는 특권이 무엇입니까? 영적 파워입니다. 하나님의 백성들에게 주어지는 능력은 다이너마이트와도 같습니다. 그만큼 강력한 힘입니다. 우리를 통해 신적 능력이 흘러나오고 하늘의 능력이 우리에게 임하기를 바랍니다.

고린도후서 4장 16절에 보면, "그러므로 우리가 낙심하지 아니하노니 우리의 겉사람은 낡아지나 우리의 속사람은 날로 새로워지도다"라고 기록되어 있습니다. 겉 사람은 낡아 가더라도 속사람은 날마다 새로워지길 바랍니다. 하나님께 마음껏 부르짖어 머리끝부터 발끝까지 성령으로 충만히 무장되어 속사람이 강건해져서 이 세상을 무력화시키는 주의 백성들이 되길 바랍니다.

하나님의 백성으로서 구별된 삶을
포기하면, 세상의 포로가 됩니다.
거룩을 통해 하나님의 능력을 얻고
세상에 영적 파워를 드러내십시오.

4장. 경계하여 승리하라

엡 6:12
우리의 씨름은 혈과 육을 상대하는 것이 아
니요 통치자들과 권세들과 이 어둠의 세상
주관자들과 하늘에 있는 악의 영들을 상대
함이라

바울은 에베소서에서 두 세계를 보여 줍니다. 하나님 나라와 세상 나라입니다. 즉 하나님이 통치하시는 나라와 마귀가 통치하는 나라가 있습니다. 창세기부터 요한계시록까지 사탄은 다양한 방식으로 활동하고 있습니다. 그리스도가 재림하시는 그 날까지 하나님 나라와 세상 나라는 겹쳐 있을 것입니다.

신자가 살아가면서 극복해야 할 세 가지 장애물이 있습니다. 첫 번째는 세상입니다. 우리는 세상 문화로부터 지속적으로 영향을 받습니다. 두 번째는 육신입니다. 육신은 죄의 유혹을 받는데, 그 유혹에 넘어질 가능성이 우리 모두에게 있습니다. 세 번째는 마귀의 존재입니다. 마귀는 일평생 우리가 싸워야 할 대상으로 우리를 쉴 새 없이 공격합니다.

바울이 에베소서 6장 10절에서 "끝으로"라고 말한 것은 그동안 가르쳐 온 진리와 영적 전쟁을 연결하기 위함입니다. 사탄과의 영적 전쟁은 피할 수 없습니다. 우리에게 주어진 많은 축복과 은혜를 지키고 누리려면, 영적 전쟁에서 반드시 승리해야 합니다.

싸움의 본질을 이해하라

바울은 마귀를 "공중의 권세 잡은 자", "불순종의 아들들 가운데서 역사하는 영"으로 정의한 바 있습니다(엡 2:2). 마귀는 영적인 존재입니다. 눈에 보이지 않는다는 뜻입니다. 보이지 않는 상대와의 싸움이기에 영적 전쟁이라고 말하는 것입니다. 마귀는 다양한 영역에서 활동하고 있습니다. 눈에 보이는 세계보다 보이지 않는 세계가 훨씬 더 넓습니다.

사탄은 그 세계를 확장하기 위해서 하나님과 하나님의 백성들을 끊임없이 대적해 오고 있습니다. 우리가 신자가 된 그 순간부터 마귀는 우리를 넘어뜨리고 실패하게 만들려고 혈안이 되어 있으므로 마귀와의 싸움은 피할 수 없습니다. 이 싸움은 필연적입니다. 사탄은 세상의 모든 역사와 조직과 국가에까지 영향력을 행사하기 위해 굉장히 조직적이고 체계적으로 활동하고 있습니다. 마귀가 힘 있는 자들을 특별히 좋아하는 이유는 악한 영향력을 끼치기 위함입니다. 그러므로 신약의 교회는 전투력이 있어야 합니다.

영적 전쟁은 눈에 보이는 전쟁보다 훨씬 더 치열합니다. 한순간도 마음을 놓으면 안 되고, 고도의 집중력이 필요합니다.

영적 전쟁을 이해하려면, 먼저 마귀의 실체를 파악해야 합니다. 싸워야 할 대상을 분명히 아는 것이 중요합니다. 《손자병법》에 "지피지기(知彼知己)면 백전불태(百戰不殆)"라는 말이 있습니다. "적군을 알고 아군을 알면, 백 번 싸워도 위태하지 않다"라는 뜻입니다. 마귀의 실체를 알고, 어떤 방법으로 우리를 공격하는지를 알아야 제대로 싸울 수 있습니다. 즉 믿음의 눈을 열어 보이지 않는 세계를 지배하고 있는 마귀의 속성을 알아보는 영적 안목이 필요합니다. 그래야 "어둠의 권세"(눅 22:53)와 싸울 수 있습니다.

영적 전쟁에서 꼭 유의해야 할 점이 있습니다. 에베소서 6장 11절에 보면, "마귀의 간계를 능히 대적하기 위하여 하나님의 전신 갑주를 입으라"라고 기록되어 있습니다. '간계'란 '간사한 꾀'란 뜻으로 부정적인 의미의 계략이나 책략을 말합니다. 영적 전쟁에서 진짜로 무서운 것은 마귀 자체라기보다는 마귀의 간계입니다. 마귀는 우리가 쉽게 알아차릴 수 없도록 매우 교묘하게 우리를 유혹하고 공격합니다. 마귀의 시험을 알아차리면 맞서 싸울 텐데, 알아차리질 못하는 것입니다.

의외로 영적 전쟁에 무지한 교회가 많습니다. 오늘날 많은 교회가 분열과 분쟁에 시달리고 있는데, 서로 왜 싸우는지도 모른 채 싸우다가 무너지기도 합니다. 총성 없는 전쟁으로 피해 자들이 속출하고 있습니다. 싸움의 본질을 정확하게 이해해야 합니다. 의미 없는 싸움에 휘말려서는 안 됩니다. 악한 세력과 싸우려면, 지혜가 필요합니다. 나에게 싸움을 걸어오는 것이 저 사람인지 아니면 저 사람 뒤에 있는 사탄인지를 살펴봐야 합니다.

파괴적인 생각이 밀려올 때마다 그것이 내 생각인지 아니면 마 귀로부터 온 생각인지를 분별해 내야 합니다. 마귀가 주는 생 각을 그대로 받아들이면, 마귀에게 농락당할 수밖에 없습니다. 그러므로 신자는 겉으로 드러난 현상만 보고 판단하거나 결정 을 내려서는 안 됩니다. 마귀의 자극과 도발에 즉시 반응하지 말고, 현상 너머를 보는 영적 안목을 길러야 합니다.

마귀가 간계를 꾸미는 목적은 우리를 진리로부터 멀어지게 하 기 위함입니다. 본질에서 벗어나게 하는 것입니다. 고린도후서 4장 4절에 보면, "그중에 이 세상의 신이 믿지 아니하는 자들의 마음을 혼미하게 하여 그리스도의 영광의 복음의 광채가 비치 지 못하게 함이니 그리스도는 하나님의 형상이니라"라고 기록 되어 있습니다. 마귀는 사람들의 마음을 혼미하게 하여 진리가 아닌 다른 것을 좇도록 만듭니다. "그리스도의 영광의 복음의 광채"를 보지 못하게 하기 위해 마귀가 쓰는 간계입니다. 마귀는 우리가 그리스도에게서 시선을 옮겨 딴 것을 바라보게 만듭니다.

마귀는 거짓 진리로 우리를 유인합니다. 사람들은 분별하지 못할 정도로 진짜 같은 가짜로 유혹합니다. 영적 암흑기라 불리는 중세기에 서구 사람들은 집단적으로 진리의 눈이 멀어 있었습니다. 시대 전체가 잘못된 교리에 휩싸여 있었던 것입니다. 거짓된 사상과 이념들로 사람들을 집단으로 망하게 하는 것 역시 마귀가 하는 주요 활동 중 하나입니다. 한때 공산주의라는 거짓 이념이 사람들을 사로잡았지만, 몇십 년 만에 막을 내렸습니다. 자본주의 세상은 어떻습니까? 사람들을 맘몬주의에 빠뜨려 돈에 끌려다니게 합니다. 이처럼 마귀는 거짓 진리로 사람들을 유인하고 망하게 합니다.

하나님의 목적을 위해 만든 교회를 대적하고, 창조 세계를 휘저어 혼란스럽게 만드는 마귀는 어디를 어떻게 공략해야 하는지를 정확히 알고 있습니다. 우리의 급소를 알고 있다는 뜻입니다. 많은 경우 영적 전쟁은 우리 내면에서 일어납니다. 즉 영적 전쟁의 최대 격전지는 우리 마음속입니다. 그러므로 마귀가 우리 마음과 생각과 판단에 영향을 줄 수 있다는 것을 알고, 기도로 무장하여 말씀으로 분별해 내는 훈련을 해야 합니다. 우리가 붙들어야 할 것은 진리입니다. 진리가 우리를 그리스도로 이끌기 때문입니다.

진리로써 승리하라

영적 전쟁은 결국 진리 전쟁입니다. 마귀는 지금도 우리로 하여금 진리를 정확하게 알지 못하도록 농간합니다. 태초에 아담과 하와가 선악과나무를 "먹음직도 하고 보암직도 하고 지혜롭게 할 만큼 탐스럽기도 한"(창 3:6) 나무로 보도록 유혹한 사탄의 간계가 오늘날도 여전히 통하고 있습니다. 요한은 이것을 "육신의 정욕과 안목의 정욕과 이생의 자랑"(요일 2:16)으로 새롭게 정리하였습니다. 이 세 가지는 예수님이 공생애를 시작하시기 직전에 마귀가 걸어 왔던 시험이기도 합니다. 마귀의 목적은 일시적인 것에 몰두하게 함으로써 영원한 것으로부터 멀어지게 하는 것입니다.

그러나 요한일서 2장 17절에 보면, "이 세상도, 그 정욕도 지나가되 오직 하나님의 뜻을 행하는 자는 영원히 거하느니라"라고 기록되어 있습니다. "하나님의 뜻"을 붙들어야 영원하지 않은 것에 우리 영혼을 팔아넘기는 안타까운 일이 일어나지 않을 것입니다.

우리는 영적 전쟁에서 이겨야 하고, 이길 수 있습니다. 그러나 우리 노력만으로는 이길 수 없습니다. 자기 힘을 의지할수록 처참한 실패를 경험하게 될 뿐입니다. 이 싸움은 혈과 육의 싸움이 아니기에 우리 힘과 지혜로 싸우면 실패하게 되어 있습니다. 예수님은 "네 칼을 도로 칼집에 꽂으라 칼을 가지는 자는 다 칼로 망하느니라"(마 26:52)라고 말씀하셨습니다. 인간의 힘으로 영적 전쟁을 치르려고 하다가는 망하게 된다는 말씀입니다.

그러면 우리는 어떻게 해야 할까요? 영적 전쟁에서 승리할 수 있는 첫 번째 비결은 주 안에 있는 것입니다. 에베소서 6장 10절을 보면, "끝으로 너희가 주 안에서와 그 힘의 능력으로 강건하여지고"라고 기록되어 있습니다. 적은 우리가 생각하는 것보다 훨씬 더 강합니다. 고립되면 안 됩니다. 나 홀로 싸우면 지게 되어 있습니다. 우리 힘만으로는 이길 수 없지만, 그리스도 안에 있으면 이길 수 있습니다.

또 바울은 진정한 능력의 근원이 하나님께 있음을 말하고 있습니다. 제아무리 대단한 어둠의 세력이라도 하나님의 능력 앞에서는 힘을 잃고 맙니다. 주님 안에서 주의 능력을 구할 때, 마귀를 이길 수 있습니다. 바울은 이미 1장에서 "그의 힘의 위력으로 역사하심을 따라 믿는 우리에게 베푸신 능력의 지극히 크심이 어떠한 것을 너희로 알게 하시기를 구하노라"(엡 1:19)라고 밝힌 바 있습니다. 신자들은 하나님의 지극히 크신 능력을 의지하며 주 안에서 살아가야 합니다.

영적 전쟁에서 승리할 수 있는 두 번째 비결은 하나님의 전신 갑주를 입는 것입니다. 바울은 에베소서 6장 11절에서 "마귀의 간계를 능히 대적하기 위하여 하나님의 전신 갑주를 입으라"라고 말했습니다. 또 13절에서는 "그러므로 하나님의 전신 갑주를 취하라 이는 악한 날에 너희가 능히 대적하고 모든 일을 행한 후에 서기 위함이라"라고 말했습니다.

지금은 매우 악하고 어두운 시대입니다. 마귀가 그 어느 때보다도 적극적으로 활동하고 있습니다. 특히 하나님의 백성들, 교회를 향해 불화살을 쏘아 대고, 세력화하여 총공격을 퍼붓고 있습니다. 오늘날 얼마나 많은 사람이 악한 영에 짓눌려 살아가고 있습니까? 마귀의 시험은 계속되고 있지만, 분명한 것은 시험을 이길 수 있다는 것입니다. 요한일서 3장 8절에 보면, "죄를 짓는 자는 마귀에게 속하나니 마귀는 처음부터 범죄함이라 하나님의 아들이 나타나신 것은 마귀의 일을 멸하려 하심이라"라고 기록되어 있습니다. 예수 그리스도께서 오신 목적이 "마귀의 일을 멸하려 하심"이라는 것입니다.

예수님은 시험과 고난을 친히 받으셨던 만큼 우리에게 어떤 도움이 필요한지를 잘 알고 계십니다. 히브리서 2장 18절에는 "그가 시험을 받아 고난을 당하셨은즉 시험받는 자들을 능히 도우실 수 있느니라"라고 기록되어 있습니다. 마귀가 공격할 때마다 주님의 도우심을 구하십시오. 주님을 더 깊이 알아가고 의지하며 하나님의 말씀을 따라 살아간다면, 우리는 마귀를 넉넉히 이길 수 있습니다.

마귀의 표적은 그리스도와 그리스도께 속한 백성들입니다. 마귀는 우리를 끊임없이 공격해 옵니다. 우리가 영적으로 깨어 있어야 하는 이유입니다. 영적 전쟁터에 있음을 자각하고, 경계심을 가지고 날마다 깨어 있으십시오. 그리스도께 속한 자들로서 영적 전쟁에 당당하게 승리하기를 바랍니다.

마귀는 우리의 급소를 알고 있습니다.
기도로 무장하여 말씀으로
분별해 내는 훈련을 해야 합니다.
우리가 붙들어야 할 것은 진리입니다.

2

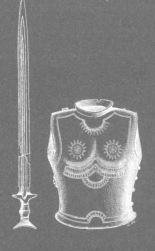

그리스도인의 영적 무장

5장. 진리의 허리띠

엡 6:13-14

13 그러므로 하나님의 전신 갑주를 취하라
이는 악한 날에 너희가 능히 대적하고 모든
일을 행한 후에 서기 위함이라

14 그런즉 서서 진리로 너희 허리띠를 띠
고 의의 호심경을 붙이고

무슨 일을 하느냐에 따라 옷차림이 달라지기 마련입니다. 영적 전쟁에 적합한 옷차림은 전신 갑주입니다. 마귀의 공격에 맞서려면 반드시 전신 갑주를 입어야 합니다. 마귀의 공격 루트에 따라 디자인되었기 때문입니다.

바울이 말한 전신 갑주는 고대 로마 병사들의 갑옷을 연상시킵니다. 전신 갑주는 여섯 가지로 구성되었는데, '진리의 허리띠, 의의 호심경, 평안의 복음 신, 믿음의 방패, 구원의 투구' 등은 방어용이고, 말씀을 뜻하는 '성령의 검'은 공격용입니다. 바울은 이 중에서 진리의 허리띠를 가장 먼저 언급합니다.

당시 로마 병사들은 갑옷 안에 튜닉이라는 속옷을 입었습니다. 머리와 팔을 내밀 구멍이 나 있는 네모 모양의 천 조각입니다. 길게 늘어진 튜닉을 허리띠로 졸라매야 비로소 전쟁터에 나갈 준비가 됩니다. 옷이 헐렁하면 움직이기가 힘들어서 싸울 수가 없기 때문입니다. 허리띠가 병사의 중심을 잡아 주는 중요한 기능을 하는 것입니다.

그러므로 진리의 허리띠를 띤다는 것은 영적 전쟁에 임하기 위해 전투태세를 갖춘다는 뜻입니다.

진짜를 알면 속지 않는다

마귀와 싸우려면 진리를 바로 아는 것이 중요합니다. 거짓의 아비인 마귀는 끊임없이 속이는 자입니다. 교묘하게 속이므로 분별력을 갖추어야 합니다. 마귀는 우리가 진리를 깨닫지 못하도록 훼방하고 공격합니다. 그러니 마귀의 공격에 대비해야만 합니다.

요즘 우리 주변에는 가짜가 너무 많습니다. 명품 전문가가 정밀하게 분석하지 않으면, 짝퉁인지 진품인지 잘 모를 만큼 정교하게 속입니다. 한국조폐공사에서 위조지폐를 감별하는 분들은 평소에 진짜 지폐를 계속 만진다고 합니다. 진짜 지폐만 계속 만지다 보면, 가짜 지폐를 금세 알아챌 수 있기 때문입니다. 우리가 가짜에 속는 이유는 진짜를 잘 모르기 때문입니다. 마귀가 가장 두려울 때는 거짓으로 미혹하게 할 때가 아니라 진리를 제대로 알지 못하게 할 때입니다. 오늘날 거짓 진리로 인한 폐해가 너무나 큽니다. 마귀가 그것을 잘 알고 있습니다.

마귀는 성경을 가지고도 속입니다. 뱀이 하와를 유혹할 때도 하나님의 말씀을 들고 왔습니다. 창세기 3장 1절에 보면, "그런데 뱀은 여호와 하나님이 지으신 들짐승 중에 가장 간교하니라 뱀이 여자에게 물어 이르되 하나님이 참으로 너희에게 동산 모든 나무의 열매를 먹지 말라 하시더냐"라고 기록되어 있습니다. 뱀의 질문을 잘 들어야 합니다. 질문에 이미 속임수가 들어가 있습니다. 뱀은 "하나님이 참으로 너희에게 동산 모든 나무의 열매를 먹지 말라 하시더냐?" 하고 미혹하게 하는 질문을 던짐으로써 하와를 의심으로 이끕니다. 지금 마귀는 하나님의 말씀에 거짓을 덧붙여 말하고 있습니다. 하나님은 동산 모든 나무의 열매를 먹지 말라고 하신 적이 없으십니다.

그런데 여자가 "동산 나무의 열매를 우리가 먹을 수 있으나 동산 중앙에 있는 나무의 열매는 하나님의 말씀에 너희는 먹지도 말고 만지지도 말라 너희가 죽을까 하노라 하셨느니라"(창 3:2-3) 하고 진실에 거짓을 덧붙여 대답합니다. 하나님은 "먹지도 말고 만지지도 말라"라고 말씀하신 적이 없으십니다. 여자는 심지어 말씀을 제 마음대로 빼기까지 했습니다. 하나님은 "네가 먹는 날에는 반드시 죽으리라"(창 2:17)라고 하셨지 "너희가 죽을까 하노라"라고 말씀하시지 않았습니다. 하와의 문제는 하나님의 말씀을 정확히 알지 못한 것입니다. 마귀의 속임에 놀아나지 않으려면, 성경을 잘 알아야 합니다. 대충 알면, 오히려 미혹되기 쉽습니다. 정확하게 알아야 합니다.

또 마귀가 속인 것이 있습니다. 창세기 3장 4-5절에 보면, "뱀이 여자에게 이르되 너희가 결코 죽지 아니하리라 너희가 그것을 먹는 날에는 너희 눈이 밝아져 하나님과 같이 되어 선악을 알 줄 하나님이 아심이니라"라고 기록되어 있습니다. 순전히 거짓말입니다. 마귀는 하나님의 말씀을 자기 마음대로 해석하고 있습니다. 그런데 하와는 뱀의 거짓말을 진리로 받아들이고 말았습니다. 진리에 대한 분별력이 없는 탓입니다.

마귀는 우리가 어둠 가운데 머물러 있도록 속입니다. 하나님의 말씀을 모르고는 신앙생활이 불가능합니다. 성경을 모르면서 믿는다고 말한다면, 어불성설(語不成說)입니다. 교회에 다니지만, 성경을 읽지 않는 사람이 생각보다 많습니다. 마귀가 하는 일이 무엇입니까? 성경에 무지하도록 우리를 미혹하게 하는 것입니다. 성경을 읽지 않으면서 열심히 믿는다고 말하는 사람은 유사시에 말씀을 부인할 가능성이 높습니다. 마귀의 거짓말에 한 방에 날아가 버릴 수도 있습니다. 마귀는 교회에 열심히 다니고, 봉사도 열심히 하는데 성경은 읽지 않는 신자라면 더더욱 환영합니다. 특히 성경을 잘 알지 못하는 모태 신앙인들을 농락하길 좋아합니다. 성경에 무지한 그리스도인은 마귀의 밥이 되기 때문입니다. 마귀의 속삭임에 순진하게 넘어가고, 수제자가 되기까지 합니다. 가룟 유다가 그랬습니다.

우리를 속이는 자가 있다는 사실을 항상 염두에 두어야 합니다. 우리는 성경을 하나님의 말씀으로 믿습니다. 우리 믿음의 내용은 성경 안에 있습니다. 잘 믿어 보겠다고 제아무리 두 주먹을 불끈 쥐어도 그것만으로는 안 됩니다. 마귀가 끊임없이 미혹하기 때문입니다. 성경을 멀리하면 할수록 진리에 대한 확신은 점점 줄어들고, 결국 신앙의 힘을 잃게 된다는 것을 마귀는 너무도 잘 알고 있습니다.

사람들이 성경을 읽지 않는 이유 중의 하나는 말씀의 맛을 제대로 보지 못했기 때문입니다. 맛을 보면 달라집니다. 성경을 가까이하십시오. 이것은 영적 전쟁에서 가장 우선되어야 할 일입니다. 말씀은 빛이므로, 말씀 안으로 들어간다는 것은 곧 빛 가운데로 나아가는 것입니다.

상황보다 진리에 사로잡히라

지금은 진리 전쟁의 시대입니다. 요즘 사람들은 모든 진리가 같다고 말합니다. 이것은 유일한 진리는 없다고 가르치는 종교 다원주의의 영향입니다. 그러나 우리는 여러 가지 진리 중 하나를 믿는 것이 아니라 단 하나의 진리를 믿습니다. 그 진리는 바로 예수 그리스도입니다. 요한복음 14장 6절에 보면, "예수께서 이르시되 내가 곧 길이요 진리요 생명이니 나로 말미암지 않고는 아버지께로 올 자가 없느니라"라고 기록되어 있습니다. 예수 그리스도는 하나님에게로 나아갈 수 있는 유일한 길입니다.

성경은 그리스도가 유일한 길임을 선포할 뿐입니다. 예수 그리스도가 곧 진리라는 사실은 타협할 수 없습니다. 에베소서 4장 21절에 보면, "진리가 예수 안에 있는 것같이 너희가 참으로 그에게서 듣고 또한 그 안에서 가르침을 받았을진대"라고 기록되어 있습니다. 예수 그리스도를 빼고는 진리를 말할 수 없습니다. 예수 그리스도 외에 우리를 구원으로 이끄는 길은 없습니다. 마귀는 다양한 방식으로 우리를 그리스도로부터 멀어지도록 만듭니다. 유일한 구원의 진리에 대해 눈이 감기도록 하는 것이 마귀의 목표입니다. 그리스도를 통한 구원 계획을 무산시키기 위해 끊임없이 방해합니다. 바로 여기서 거대한 영적 전쟁이 일어납니다.

우리가 성경을 읽을 때 중요한 것은 그 안에서 그리스도를 발견하는 일입니다. 그리스도를 놓치면, 성경을 아무리 읽어도 의미가 없습니다. 디모데후서 3장 15절에 보면, "또 어려서부터 성경을 알았나니 성경은 능히 너로 하여금 그리스도 예수 안에 있는 믿음으로 말미암아 구원에 이르는 지혜가 있게 하느니라"라고 기록되어 있습니다.

미국의 어떤 교회는 이 세상에서 잘 먹고 잘사는 형통의 복음을 강조합니다. 그들은 죄를 말하지 않습니다. 그러나 죄를 말하지 않는다면, 그리스도의 십자가는 의미가 없습니다. 어떤 교회는 인간의 자존심을 북돋아 주는 일에 심혈을 기울입니다. 심리적인 문제와 정신적인 질병들에 대한 치유책을 내어놓을 뿐입니다. 프로이트 심리학과 성경을 섞어서 가르칩니다. 그것은 성경이 말씀하는 것이 아닙니다. 자유주의자 역시 성경 자체를 믿지 못하도록 훼방하고 공격합니다. 성경을 계시된 하나님의 말씀이 아닌 인간의 말로 만들어 버립니다. 성경의 권위를 훼손하고 신뢰를 떨어뜨려 말씀을 믿지 못하도록 하는 것은 마귀의 큰 프로젝트 중 하나입니다.

진리로 허리띠를 띤다는 것을 제대로 이해하려면, 예수님을 보면 됩니다. 예수님은 어린 시절부터 율법을 익히셨고 구약에 능통하셨습니다. 예수님은 평생 진리로 허리띠를 띠고 사셨습니다. 예수님은 마귀와의 일전에서 말씀으로 승리하셨습니다. 마귀는 예수님이 "(광야에서) 사십 일을 밤낮으로 금식하신 후에"(마 4:2) 주리신 것을 알고 예수님을 시험했습니다. 예수님이 처하신 상황에 딱 맞게 공격한 것입니다. 그러나 예수님은 상황보다 진리에 더 사로잡혀 계셨습니다.

성경을 알지 못하면, 마귀가 시험을 걸어 올 때 말씀이 떠오르지 않습니다. 요한복음 14장 26절에 보면, "보혜사 곧 아버지께서 내 이름으로 보내실 성령 그가 너희에게 모든 것을 가르치고 내가 너희에게 말한 모든 것을 생각나게 하리라"라고 기록되어 있습니다. 성경을 읽어야 말씀이 생각납니다. 성령은 진리의 영이요 그리스도의 영이십니다. 성경을 알아갈수록 그리스도를 알게 되는 것입니다. 초점은 그리스도입니다. 우리 삶의 모든 문제의 해답도 그리스도입니다. 그리스도 안에 구원이 있습니다. 마귀는 그리스도가 아니라도 구원의 길이 있다고 가르치지만, 그것은 거짓입니다.

예수님은 진리의 허리띠를 띠고 계셨습니다. 마귀와의 전쟁을 이미 준비하고 계셨던 것입니다. 전쟁에 임하려면 반드시 허리띠를 띠고 나가야 합니다. 허리띠 없이 나가는 것은 전쟁을 하지 않겠다는 뜻입니다. 예수님은 마귀의 공격에 소극적으로 대응하지 않으셨습니다. 마귀가 공격하자마자 말씀으로 맞받아치셨습니다.

평소 성경을 많이 읽었어도 실전에는 약할 수가 있습니다. 문제에 부딪혔을 때 말씀이 전혀 생각나지 않는다면 아무 소용이 없습니다. 말씀이 생각나야 합니다. 이것은 암기력의 문제가 아닙니다. 말씀을 머리로 기억하는 것과 체험적으로 이해하는 것은 다릅니다.

그래서 묵상이 중요합니다. 묵상은 머리로만 하는 것이 아닙니다. 진짜 묵상은 말씀이 머리에서부터 가슴으로 내려와야 합니다. 또 말씀이 가슴에만 머물러 있으면 안 됩니다. 몸 전체가 말씀에 반응하고 움직이는 단계로 나아가야 합니다. 말씀을 체험함으로써 내면화해야 진짜 묵상입니다. 아는 것만으로는 말씀이 내면화되지 않습니다. 대부분 단순히 지식으로나 관념으로 남을 뿐입니다. 그러니 말씀이 능력이 될 리 없습니다. 말씀이 실제 생활로 연결되어 몸에 착 붙어 있어야 합니다. 내면화된 말씀은 필요한 순간에 떠오르게 되어 있습니다. 이것이 바로 진리의 허리띠입니다.

마귀가 언제, 어떻게 시험을 걸어 올지는 알 수 없습니다. 영적 전쟁은 수능처럼 정해진 시간에 정해진 장소에서 치는 시험이 아닙니다. 불시에 닥치므로 항상 준비되어 있어야 합니다. 그래서 평소 실력이 중요합니다. 이를 위해 말씀을 주야로 묵상하라고 가르치는 것입니다. 말씀과 함께하는 신앙생활이 삶의 중심부에 놓여야 합니다.

말씀과 삶이 맞붙어야 합니다. 이것을 가리켜서 말씀의 육화(肉化)라고 합니다. 요한복음 1장 14절에 보면, "말씀이 육신이 되어 우리 가운데 거하시매"라는 말이 있습니다. 오랫동안 말씀을 따라 살다 보면, 말씀과 삶이 하나가 되고, 말씀이 곧 삶의 현실이 됩니다. 신앙에 있어서 가장 중요한 경험입니다. 이 단계에 이르면, 말씀이 가끔 생각나는 것이 아니라 늘 생각 속에 살아 있어 생활 속에서 작동하게 됩니다.

하나님의 말씀은 운동력이 있고, 생명력이 있으므로 우리 삶에 활력을 가져다줍니다. 말씀이 내 생각뿐 아니라 삶의 중심에 자리 잡도록 해야 합니다. 바울은 "그리스도의 말씀이 너희 속에 풍성히 거하여"(골 3:16) 실제 삶에서 수없이 경험하게 되기를 바란다고 했습니다. 그렇게 하다 보면 말씀이 곧 힘이 되어 삶을 이끌게 될 것입니다. 말씀이 능력이 되면, 마귀의 시험을 즉시 간파하게 됩니다. 말씀을 따라 살아 냈을 때, 찾아오는 감동과 은혜는 다릅니다. 내가 말씀을 붙드는 것이 아니라 말씀이 나를 사로잡기 때문입니다. 말씀 그대로를 사는 것이야말로 최고의 암송입니다.

전쟁에서 승리하려면 태도를 바꿔라

왜 진리의 허리띠가 중요합니까? 세상에는 거짓 진리가 넘칠 정도로 많습니다. 모두 사탄이 퍼뜨려 놓은 것들입니다. 짝퉁인 줄 모르고 비싼 돈을 주고 샀다면, 무척 억울할 테지만 그렇다고 죽을 정도는 아닙니다. 그러나 거짓 진리에 속으면, 인생 전체를 날려 버릴 수 있습니다. 마귀는 오늘도 계속해서 우리 시선을 선악과로 이끕니다. 현대판 선악과는 어디에나 널려 있습니다. 마귀는 진리보다 현실적 필요를 쫓아가라고 꼬드깁니다. 눈에 보이는 것과 물질적인 것에 몰두하게 만듭니다. 마귀는 네가 원하는 대로 이루어 주겠다고 속삭입니다. 처세술에 관한 책을 읽는 것으로 세월을 보내지 말고, 성공하는 방법을 알려 주겠다는 꾐에 마음을 빼앗기지 마십시오. 그런 것들을 아예 무시하라는 뜻이 아닙니다. 그런 쪽으로 흘러가려는 경향을 조심하라는 뜻입니다. 자칫하면, 비본질적인 것들이 삶의 중심에 놓이게 되기 때문입니다.

마귀는 그리스도보다 우리 자신의 문제에 더 큰 관심을 두도록 유혹합니다. 이 문제는 오늘날 교회 안에서도 이미 벌어지고 있습니다. 교회의 주인은 사람이 될 수 없습니다. 교회의 주인은 언제나 예수 그리스도여야 합니다. 그리스도가 없는 교회는 교회가 아닙니다. 사람이 아무리 많이 모여도 그리스도께 초점을 맞추지 않는다면 교회라고 할 수 없습니다. 마귀는 지금도 먹음직도 하고 보암직도 하고 탐스럽기도 한 것들로 유혹하고 있습니다(창 3:6). 마치 대단한 것을 약속하는 것 같지만, 사실은 허구일 뿐입니다.

일상 가운데 거짓의 아비인 마귀와의 전쟁에서 승리하는 길은 진실을 말하는 것입니다. 마귀에게 사로잡힌 사람은 입만 열면 거짓말입니다. 그리스도인은 진실을 말하는 사람이어야 합니다. 진실을 말하는 것은 생각보다 쉬운 일이 아닙니다. 진실을 말하려면 용기가 필요합니다. 거짓으로 돌아가는 시스템의 세상에서는 진실을 말하면 쫓겨날 수도 있습니다. 그러나 진리를 믿는 사람들은 진실을 말하기를 두려워해서는 안 됩니다. 거짓은 일시적으로 이길 수 있지만, 계속 이기지는 못합니다. 진리가 거짓에 눌려야 할 이유가 없습니다. 진리 안에 거하고, 진리를 말하고, 진리로 싸워야 합니다. 하나님은 거짓을 드러내시고 진리의 손을 들어 주십니다.

우리가 관심을 가져야 할 대상은 그리스도입니다. 그리스도가 어떻게 사셨는지를 보면 됩니다. 그리스도가 답입니다. 상황에 따라 답이 되기도 하고, 답이 안 되기도 한다면, 그것은 진리가 아닙니다. 진리는 언제나 진리입니다. 진리 안에 있는 삶은 이기게 되어 있습니다.

불시에 닥치는 마귀의 술수에 걸려 넘어지지 않도록 평소 진리의 허리띠를 단단히 매십시오. 성경을 읽으려고 하면, 그 순간부터 마귀가 성경을 읽지 못하도록 공격해 올 것입니다. 마귀는 말씀을 의심하게 하고, 오해하게 만듭니다. 말씀의 능력을 축소하고, 왜곡합니다. 말씀을 적당히 읽고, 적당히 살라고 속삭입니다. 그러나 이것은 속이는 일입니다.

우물을 팔 때, 석 자를 파면 촉촉한 흙이 나옵니다. 그러나 그것으로는 충분하지 않습니다. 여섯 자를 파면, 탁한 물이 나옵니다. 그런데 계속 아홉 자를 파 내려가면, 맑은 물을 길어 올릴 수 있습니다. 말씀이 우리 마음속 깊숙이 들어가 생명과 능력이 되게 하십시오. 말씀을 묵상할 때, 말씀이 우리 영혼 깊숙이 들어가게 하십시오. 그때 우리 내면이 진리로 강화됩니다.

우리 앞에는 언제나 두 가지 길이 있습니다. 빛과 어둠, 선과 악, 삶과 죽음, 실패와 승리, 좁은 길과 넓은 길, 천국과 지옥입니다. 마귀는 늘 우리를 미혹하는데, 이 시대는 어느 시대보다도 더 혼란스럽습니다. 참된 진리를 거부하고 배척하는 시대입니다.

분별력이 필요합니다. 영적 전쟁을 치르고 있다는 사실을 깨닫고, 성경을 대하는 우리 태도를 바꾸어야 합니다. 말씀을 붙들어야 모든 미혹에서 깨어날 수 있습니다.

진리의 허리띠를 단단히 매십시오. 일상에서 말씀이 내 삶과 함께하게 하십시오. 시대를 분별하여 어둠의 유혹과 속삭임에 무릎 꿇지 않고, 말씀으로 깨어 예수 그리스도와 함께 영적 전쟁에서 승리하길 바랍니다.

6장. 의의 호심경

엡 6:14

그런즉 서서 진리로 너희 허리띠를 띠고 의
의 호심경을 붙이고

죄는 인류의 최대 문제입니다. 성경은 "의인은 없나니 하나도 없다"(롬 3:10)고 하였습니다. 아담의 후손으로 태어난 인간은 예외 없이 유죄 판결을 받았습니다. 여기서 피할 길이 없습니다. "죄의 삯은 사망"(롬 6:23)이므로 반드시 죄를 용서받아야 합니다. 문제는 인간에게 죄 문제를 스스로 해결할 능력이 없다는 데 있습니다.

그런데 하나님의 편에서 길을 열어 주셨습니다. 하나님의 아들 예수 그리스도를 세상에 보내셔서 우리 죄를 대신 짊어지고 십자가에서 죽게 하심으로써 죄의 형벌을 대신 치르게 하신 것입니다. 이제는 누구든지 예수를 믿으면, 그 "믿음으로써 의롭다 함을"(갈 2:16) 받게 되었습니다. 믿음으로 의롭다 함을 받는다는 것은 기독교의 핵심 교리입니다. 이것이 바로 '칭의'(稱義)입니다. 인간이 구원을 얻을 수 있도록 하나님의 편에서 열어 놓으신 유일한 구원의 문입니다.

죄의 칼끝은 심장을 겨눈다

그리스도인 중에 칭의를 얻었음에도 부정적인 양상을 보이는 사람들이 있습니다. 첫째, 의롭다 함을 받기는 했지만, 여전히 죄를 짓는 자기 모습에 낙담하는 사람들입니다. 어제처럼 죄짓고, 그제처럼 실수하는 것이 우리 현실입니다. 죄 문제로 실패를 반복하다 보면, 우리 마음이 흔들립니다. 죄를 짓고 넘어질 때마다 마귀가 "네가 그렇게 살고도 구원을 얻을 수 있을 것 같아?" 하고 정죄감을 심어 주기 때문입니다.

우리는 자주 넘어지고 실수합니다. 예수를 믿지만, 그럼에도 죄로부터 자유롭지는 않습니다. 죄의 성향이 여전히 남아 있기에 그렇습니다. 죄짓고 나면 좌절감이 듭니다. 우울감에 빠지기도 하고, 심한 죄책감에 시달리기도 합니다. 이때 마귀가 시험을 걸어 옵니다. "네가 이러고도 어떻게 신자라고 할 수 있어?" 하고 공격하거나 "너는 죄인이야. 네 죄는 용서받을 수 없어" 하고 정죄하는데, 틀린 말은 아닌 것 같아서 움찔하게 됩니다. 죄로부터 자유로운 사람이 누가 있습니까? 우리는 날마다 깨지고 넘어집니다. 알고 보면 누구나 속속들이 죄인입니다.

마귀가 잘하는 것 중 하나가 참소입니다. 죄를 들추어내서 고발하는 것이 전문입니다. 요한계시록 12장 10절에 보면, "우리 형제들을 참소하던 자 곧 우리 하나님 앞에서 밤낮 참소하던 자가 쫓겨났고"라고 기록되어 있습니다. 마귀는 하나님의 자녀로서의 정체성과 신분을 뒤흔들어 부끄러움과 정죄감에 사로잡히게 합니다. 우리에게는 양심이 있습니다. 누가 고발하기 전에 양심의 가책을 느낍니다. 마귀는 밤낮으로 "넌 죄인이야. 넌 구원받을 수 없어. 하나님은 너를 사랑하지 않아"라고 비난하며 도무지 빠져나가지 못하도록 구석으로 몰아갑니다. 다른 사람의 비난도 무섭지만, 스스로 정죄하는 것이 더 아프고 무서운 법입니다. 죄를 지을 때보다 죄를 짓고 난 다음에 받는 마귀의 공격이 더 치명적입니다. 마귀의 참소로 두려움에 휩싸이게 되고, 무엇보다 죄로 인해 부끄러움을 느끼게 됩니다. 수치심은 작은 문제가 아닙니다. 심하면 죽음에까지 이르게 됩니다. 이처럼 사탄이 쏘는 불화살은 예리합니다.

둘째, 반대의 경우도 있습니다. 자신이 남들보다 신앙생활을 더 열심히 하고 있다고 자부하는 사람들이 있습니다. 자기 행위로 의롭게 되었다고 착각하는 것입니다. 마귀는 소위 믿음 생활을 열심히 한다는 사람들이 자만심에 빠지도록 부추깁니다. 신앙생활을 오래 하다 보면, 자기도 모르게 자기 의를 붙들기 쉽습니다. 특히 주일 성수나 십일조나 헌금 생활을 대충 하는 것이 아니라 누구보다도 철저히 해 온 사람들에게 찾아오는 유혹입니다. 절제력이 탁월하고, 도덕적으로도 흠결 없는 삶을 살아온 사람일수록 내심 칭의 교리가 불편할 수 있습니다. 자기도 모르게 자기 열심을 구원의 근거로 삼으려고 하고, 십자가보다 자신의 행위를 더 의지하게 됩니다.

사실, 죄인에게는 하나님과 같이 되고자 하는 마음이 항상 작용하고 있습니다. 자기 열심을 통해서 자신을 완성해 가려고 노력하다 보면, 결국 십자가와 멀어지게 됩니다. 그릇된 자신감은 일종의 자기기만입니다. 자기가 자신을 속이는 것보다 무서운 일은 없습니다. 자기 의에 사로잡히면, 자기 자신을 보지 못하게 됩니다. 자기 죄는 안 보이고, 다른 사람들의 죄가 더 크게 보입니다. 자기 죄를 교묘하게 포장하고 미화하는데, 그럴수록 죄는 더 깊이 숨겨집니다.

죄는 드러난 행위보다 그 뿌리를 더 중요하게 다루어야 합니다. 그런데 뿌리는 감추어져 있으니 드러난 자신의 행위에 만족하는 것입니다. 만족하는 상태에서는 하나님에 대한 필요를 느끼지 않습니다. 예수님 시대에 바리새인들이 그러했습니다. 오늘날 우리도 마찬가지입니다. 스스로 자신이 바리새인이라고 말하는 사람은 없습니다. 자기도 모르게 바리새인이 됩니다. 무분별한 열심이 위험한 이유입니다. 순수한 열정으로 시작했어도 자신도 모르는 사이에 믿음이 변질되는 것입니다. 처음에는 칭찬받는 신자였지만, 세월이 흘러가면서 자기보다 덜 성실해 보이는 사람들과 비교하며 "나는 저들과 같지 않다"라고 자부하며 자기 우월감에 젖습니다. 심지어 자기보다 부족한 사람들의 연약함을 정죄하기까지 합니다. 다른 사람을 비난함으로써 자신의 우월감을 확인하려는 것입니다. 자기 의로 똘똘 뭉쳐 있는 사람은 자신이 얼마나 위험한 상태에 놓여 있는지 전혀 알지 못합니다.

이러한 신앙의 자세가 얼마나 무서운 것인지 아십니까? 열심히 하면 할수록 십자가의 은혜로부터 점점 더 멀어져 가기 때문입니다. 한마디로 이것은 복음을 거부하는 죄입니다. 바울은 바리새인 중의 바리새인이었습니다. "율법의 의로는 흠이 없는 자"(빌 3:6)였습니다. 그러나 복음을 접하고는 자신의 연약함을 인정하고, 그리스도의 십자가 외에는 자랑할 것이 없다고 고백하기까지 했습니다. 자신이 추구했던 모든 것이 얼마나 허망한 일이었는가를 깨달았던 것입니다.

이처럼 마귀는 우리의 약한 모습을 공격하기도 하고, 때로는 강하다고 여기는 모습을 공격하기도 합니다. 신자가 자기 모습에 수치심을 느끼거나 반대로 지나친 자만심을 갖게 하려는 것입니다. 마귀가 우리를 공격하는 지점은 분명합니다. 우리 마음과 감정 상태를 향해 공격을 퍼붓습니다. 죄의 칼끝으로 우리 심장을 겨눕니다.

사탄이 죄의 칼끝으로 우리 심장을 거누고 있는 만큼, 우리는 "의의 호심경"(엡 6:14)으로 무장해야 합니다. 호심경은 전투 시 가슴을 보호하기 위해 갑옷의 가슴 부분에 대는 구리 조각을 말합니다. 목 밑에서부터 허벅지 윗부분까지 몸의 중심부를 금속판 혹은 단단한 가죽으로 덮게끔 만들어졌습니다. 심장과 각종 장기가 모여 있는 만큼, 칼이나 창을 맞으면 치명상을 입을 수 있기 때문입니다.

완전한 의가 필요하다

우리는 자기 자신에게 정직해야 합니다. 마귀가 "이런 죄를 짓고도 구원받을 것 같아?"하고 공격해 오면, 그것을 감추려고 하거나 부정할 게 아니라 오히려 정직해져야 합니다. 자기 의로 충만했던 바울이 복음의 빛 앞에서 비로소 정직해졌던 것을 기억하십시오. 그는 결국 "죄인 중에 내가 괴수니라"(딤전 1:15)라고 스스로 인정하기에 이르렀습니다. 우리도 자신이 얼마나 악한 죄인인지를 스스로 인정해야 합니다. 십자가를 붙들면 정직해질 수 있습니다.

자신의 행위에서 십자가로 시선을 옮겨야 합니다. 십자가 외에는 우리를 의롭게 할 수 있는 것이 아무것도 없음을 고백해야 합니다. 죄에 관하여 우리 자신이 얼마나 무능한가를 선포해야 합니다. 우리 노력으로는 하나님이 원하시는 기준에 도달할 수 없습니다. 우리에게 의가 있다면, 단 하나밖에 없습니다. 우리에게 드러내신 하나님의 의, 곧 십자가뿐입니다. 하나님이 우리를 위하여 베풀어 주신 의를 붙들어야 합니다.

그리스도를 믿는다는 것은 내가 가진 모든 것과 나의 행한 모든 일과 나 자신을 부인하는 일입니다. 이것이 처음에는 위험하게 보입니다. 자기 의로써 스스로 정당화하며 남보다 낫다고 생각하며 살아온 모든 것을 내려놓는 일에는 용기와 믿음이 필요합니다. 믿음의 행위와 열심 자체가 나쁜 것은 아닙니다. 중요한 것은 예수를 향한 믿음과 하나님의 은혜 안에서 나오는 열심이어야 한다는 것입니다. 모든 선한 것은 나에게서 나오는 것이 아니라 그리스도로 말미암아 나오기 때문입니다.

자신의 행위에서 위안을 얻고, 그로써 자기만족과 자기도취에 빠질 때가 있습니다. 그러나 그것은 진정한 평안과 자유를 줄 수 없습니다. 열심히 하면 평안을 누리는데 열심히 하지 않을 때는 불안하다면, 우리 감정을 흔들어 놓으려는 마귀의 공격에 휘말렸다는 뜻입니다. 우리는 늘 행위에 의존하려고 합니다. 세상의 모든 종교의 가르침이 그렇습니다. 구원을 얻기 위해 노력하라고 가르칩니다. 그러나 노력과 행위에 의존할수록 더 불안해질 뿐입니다. 얼마나 더 열심히 해야 불안이 사라지겠습니까? 행위가 구원을 좌지우지한다면, 신앙이 자라날 수 있겠습니까? 많은 사람이 자신의 행위에 따라 천국과 지옥을 오가며 살아갑니다.

인간은 완전하지 않습니다. 늘 죄를 지을 수밖에 없습니다. 인간은 죄 앞에서 전적으로 무능하다는 것을 인정해야 합니다.

인간의 힘과 노력으로는 죄 문제를 해결할 수 없습니다. 십자가 사건은 죄에 관한 모든 것을 뒤집어 놓은 분기점입니다. 십자가로 인하여 하나님은 죄에 대한 책임을 더 이상 우리에게 묻지 않기로 하셨습니다. 그리스도께서 십자가에서 죽으심으로써 우리의 모든 죄가 그에게 전가되었습니다. 그리고 하나님 아들의 의가 우리에게 주어졌습니다. 그러므로 우리 의가 아닌 하나님의 의를 붙들어야 합니다. 하나님이 허락하신 의는 완전한 의입니다. 우리가 자랑할 것은 그리스도의 의뿐입니다. 그리스도의 의가 우리를 죄로부터 살리셨습니다. 살길은 우리에게 있지 않고, 오직 하나님께 있습니다.

하나님의 아들이 심판대에 서서 우리 대신 형벌을 받으셨으므로 마귀가 우리를 공격할 근거 자체가 없어졌습니다. 로마서 8장 31절에 보면, "그런즉 이 일에 대하여 우리가 무슨 말 하리요 만일 하나님이 우리를 위하시면 누가 우리를 대적하리요"라고 기록되어 있습니다. 바울은 이어서 "누가 능히 하나님께서 택하신 자들을 고발하리요 의롭다 하신 이는 하나님이시니 누가 정죄하리요 죽으실 뿐 아니라 다시 살아나신 이는 그리스도 예수시니 그는 하나님 우편에 계신 자요 우리를 위하여 간구하시는 자시니라"(롬 8:33-34)라고 고백합니다. 이것이 복음입니다.

한 가지 더 짚고 넘어가야 할 문제가 있습니다. 의롭게 되었음에 만족하고, 마음대로 살아도 되는가 하는 문제입니다. 그렇지 않습니다. 하나님이 우리를 정죄하지 않으신다고 해서 마음대로 살아서는 안 됩니다. 의롭다 함을 받았으니 의로움을 위해서는 더 이상 할 일이 없을 것이라는 생각은 오해입니다.

여기에서도 마귀의 속임수는 계속됩니다. 마귀는 죄에 대해 둔감하게 하고, 죄를 지어도 된다고 생각하게끔 합니다. 오늘날 많은 그리스도인이 넘어지는 부분입니다. "한 번 구원은 영원한 구원"이라고 주장하는 구원파가 있습니다. 구원받았으므로 엉망으로 살아도 된다고 착각하는 사람들입니다. 마귀의 속임수일 따름입니다. 의롭게 되었다면, 의로운 백성답게 살아가고자 애써야 정상입니다.

또 다른 극단도 조심해야 합니다. 예수를 믿음으로써 의롭다 함을 받았을지라도 말씀을 따라 온전히 살지 않으면 구원을 잃어버릴 수 있다고 주장하는 극단적인 율법주의를 경계해야 합니다. 변화된 삶은 칭의의 열매입니다. 구원받은 백성으로서 열매 맺는 삶을 살아야 마땅하지 않겠습니까?

은혜를 강조하는 사람들은 인간의 노력을 간과하는 경향이 있고, 인간의 행위를 강조하는 사람들은 은혜를 약화하려는 경향이 있습니다. 그러나 이 둘 사이에는 균형이 필요합니다. 은혜를 중시하면서도 자기 마음대로 살아가지 않도록 경계해야 합니다. 우리 힘으로는 의롭게 될 수 없음을 알기에 겸손해야 하며 항상 하나님의 도우심을 구해야 합니다.

은혜를 알아야 의의 호심경을 입는다

마귀는 우리 시선을 행위에 초점 맞추게 하고, 우리 마음과 감정을 쥐락펴락하려고 노립니다. 수치심이나 죄책감에 빠지도록 정죄하거나 자만심에 빠지도록 유혹하여 복음에서 멀어지게 하고, 하나님이 베풀어 주신 구원의 은혜를 놓치게 만들려는 것입니다. 마귀는 우리를 계속 속이고, 거짓된 의로 만족하게 만듭니다.

이처럼 마귀가 공격하거나 유혹할 때, 우리가 해야 할 일은 무엇입니까? 말씀으로 반격해야 합니다. 로마서 1장 17절에 보면, "복음에는 하나님의 의가 나타나서 믿음으로 믿음에 이르게 하나니 기록된 바 오직 의인은 믿음으로 말미암아 살리라 함과 같으니라"라고 기록되어 있습니다. 중요한 것은 우리 의가 아니라 하나님의 의입니다. 우리 의는 더러운 옷과도 같습니다. 우리 행위로는 하나님 앞에 설 수가 없습니다. 그런데도 마귀는 우리가 행한 것에 초점을 맞추도록 이끕니다.

그러므로 우리는 하나님의 말씀으로 대적해야 합니다. 의의 호심경이 필요합니다. 의의 호심경은 우리가 만들어 낸 것이 아니라 하나님이 우리를 위해 만들어 입혀 주신 것입니다. 이것을 입어야만 마귀의 모든 공격으로부터 자신을 능히 보호할 수 있습니다.

마음에 죄책감이나 수치심이, 또는 자만심이 밀려올 때, 예수 그리스도의 피 묻은 십자가를 붙들면 하나님이 우리를 보호해 주실 것입니다. 로마서 8장 1절에 보면, "그러므로 이제 그리스도 예수 안에 있는 자에게는 결코 정죄함이 없나니"라고 기록되어 있습니다. 신자의 자신감은 자신에게서 나오는 것이 아니라 그리스도 안에 있는 하나님의 의로부터 나옵니다.

살아가는 동안에 마귀는 계속해서 우리를 속이고 거짓된 의로 만족하게 만들 것입니다. 우리는 연약하여 종종 넘어질 것이고, 여전히 부족할 것입니다. 그러나 그때마다 하나님이 그리스도의 십자가를 통해 주신 의를 붙들 수 있기를 바랍니다. 이것을 놓치지 마십시오. 주를 위해 살아가십시오. 노력의 결과나 성취로 인한 기쁨이 아니라 십자가로 인해 주어진 기쁨과 자유를 누리길 바랍니다.

로마서 5장 1-2절에 보면, "그러므로 우리가 믿음으로 의롭다 하심을 받았으니 우리 주 예수 그리스도로 말미암아 하나님과 화평을 누리자 또한 그로 말미암아 우리가 믿음으로 서 있는 이 은혜에 들어감을 얻었으며 하나님의 영광을 바라고 즐거워 하느니라"라고 기록되어 있습니다. 우리에게는 자신을 지켜 줄 만한 것이 없습니다. 자기 자신을 믿지 말고, 하나님을 믿으십 시오. 자기의 열심을 믿지 말고, 하나님의 열심을 믿으십시오. 어떤 행동이나 열심으로는 하나님을 만족시켜 드릴 수 없습니 다. 사는 동안 최선을 다했다고 해서 천국에 들어가는 것이 아 닙니다. 하나님의 은혜로 들어갑니다.

하나님의 은혜가 십자가를 통하여 나타났습니다. 십자가는 하 나님이 어떤 경우에도 우리를 포기하지 않으신다는 증표입니 다. 우리의 구원을 이루어 내고야 마시겠다는 하나님의 강한 의지와 열심입니다. 우리는 부족하여 수없이 넘어지지만, 하나 님은 언제나 구원을 베푸시는 분입니다. 하나님의 구원은 실패 하지 않는다는 믿음이 곧 우리에게 의의 호심경이 됩니다.

의롭다 함을 받는 것으로 끝이 아니라 오히려 시작입니다. 의 롭다 함을 받았다면, 이전 상태로 돌아가서는 안 됩니다. 십자 가를 통한 크신 은혜를 생각한다면. 더 거룩하게 살려고 노력 해야 합니다. 마귀는 우리 심장을 겨누고, 우리가 받은 구원을 송두리째 뒤흔들어 놓으려고 애쓰는데, 사탄의 거짓말에 속아 넘어가지 마십시오. 주님이 오시는 날까지 의의 호심경을 가슴에 단단히 붙이고 살아가십시오.

하나님은 실패한 자를 사랑하시는 분입니다. 나는 부족하고 연약하지만, 하나님은 완전하신 분입니다. 그러니 자신이 못나게 느껴질 때면 그리스도께로 피하십시오. 날마다 주를 더욱 의지하기를 바랍니다. 마귀의 유혹에 흔들리지 말고, 주님이 주신 은혜를 굳게 붙잡으십시오. 자신의 실력을 증명하려고 애쓰지 말고, 그리스도의 십자가를 자랑하십시오. 구원의 즐거움을 날마다 누리는 하나님의 선한 백성들이 되십시오.

7장. 복음의 신

엡 6:15
평안의 복음이 준비한 것으로 신을 신고

복음이 무엇입니까? 복음이란 '복된 소식', 곧 '기쁜 소식'입니다. 헬라어로는 유앙겔리온(εὐαγγέλιον), 영어로는 가스펠(gospel)입니다. 그렇다면 기쁜 소식은 무엇입니까? 어떤 소식은 들었을 때 기쁘지 않습니다. 또 어떤 소식은 들을 땐 기쁜데, 그 기쁨이 오래가지 않습니다. 그런가 하면 어떤 소식은 나에게는 기쁜 소식인데, 다른 사람에게는 아닐 수 있습니다. 이처럼 사람마다 시대마다 다를 수 있습니다. 하지만 모든 시대의 모든 사람에게 좋은 소식이 있습니다. 성경이 말씀하는 핵심이 바로 복음입니다.

복음에 관해 이야기하기에 앞서 왜 복음이 필요한가를 먼저 물어야 합니다. 인간이 처한 상태를 바로 알아야 합니다. 성경이 말씀하는 인간은 우리가 생각하는 것보다 훨씬 심각한 상태에 놓여 있습니다. 존재론적으로 절망적이고 무기력한 상태에 있습니다. 이것은 인간이 스스로 노력해서 개선할 수 있는 정도가 아닙니다. 절망에 빠진 인간에게는 구원이 필요합니다. 복음은 죄로 인해 실패하고 망가진 인생을 위한 완벽한 구원 프로젝트입니다.

복음은 힘이 세다

복음을 한마디로 압축하면 무엇일까요? 바로 '예수 그리스도'입니다. 정확하게 말하자면, 예수 그리스도의 십자가와 부활 소식입니다. 예수 그리스도는 인간을 구원하기 위하여 하나님이 보내 주신 유일한 구원자이십니다. 하나님의 구원 역사는 오직 예수 그리스도를 통해서 이루어졌습니다. 그 구원은 갑자기 이루어진 것이 아니라 영원 전부터 계획된 것입니다.

복음은 우리가 생각하고 상상하는 것보다 훨씬 더 광대합니다. 복음은 초급반에서 잠깐 다루고 넘어갈 주제가 아닙니다. 사영리와 같은 작은 책자나 전도 폭발 훈련의 전체 내용으로도 표현할 수 있는 것이 아닙니다. 일평생 파고 또 파고 들어가도 복음을 다 이해할 수는 없습니다.

우리 인간은 자신의 힘으로는 구원을 얻을 수 없는 존재입니다. 하나님은 우리의 구원을 위해 길을 내셨습니다. 우리는 복음을 통해서 하나님을 만나고, 복음을 통해서 하나님의 사랑이 어떠한가를 경험합니다. 복음은 인간을 구원해 내기 위한 하나님의 능력이자 하나님의 지혜입니다. 그러므로 복음은 하나님이 인간에게 주실 수 있는 가장 최상의 것이며 이보다 더 완전하고 충분한 것은 없습니다.

세상 사람들은 인본주의적 관점에서 인류가 엄청난 잠재력을 가지고 있으며 계속 진화 중이라고 믿습니다. 시간이 흐를수록 더 나은 세상을 만들어 가리라고 낙관합니다. 그러나 인류 역사를 자세히 들여다보면, 진보와는 거리가 멀다는 것을 알 수 있습니다. 시간이 흐름에 따라 인간이 도덕적으로 조금이라도 더 나아지고 있습니까? 전혀 그렇지 않습니다. 누가 세상을 개혁할 수 있습니까? 세상을 개혁하겠다고 주장하는 사람이 본디 타락한 본성의 소유자임을 알아야 합니다. 우리는 죄인입니다. 우리에게서 소망의 근거를 찾을 수 있다면, 복음을 이야기할 필요가 없습니다. 하나님의 아들 예수 그리스도께서 이 세상에 오실 이유도 없습니다.

성경을 보면 인간의 역사는 실패의 연속입니다. 인간에게는 어떠한 소망도 없습니다. 자기 자신에게 소망을 품거나 인간이 만들어 낸 어떤 것에 소망을 둔다면, 언젠가는 반드시 절망할 날이 올 것입니다. 그러나 복음은 변하지 않는 하나님의 약속이고 성취입니다. 오직 복음에만 인류의 소망이 있습니다. 마귀는 하나님의 구원 사역을 방해합니다. 인간이 계속 어둠 속에 살다가 스스로 멸망에 이르도록 하려는 것입니다. 복음을 아예 못 듣게 하거나 복음을 들어도 희미하게 듣게 하거나 거짓 복음을 퍼뜨리는 데 열심입니다. 예수 그리스도께서는 우리에게 도덕을 가르치러 오신 윤리 선생님이 아닙니다. 삶의 지혜를 가르쳐 주려고, 마음의 상처를 치유해 주려고 오신 분도 아닙니다. 그런 것들을 위해 예수 그리스도께서 죽으셨다면, 그것은 낭비도 보통 낭비가 아닙니다. 복음은 그 이상입니다.

교회는 어떤 곳입니까? 복음을 경험한 사람들의 모임입니다. 교회의 중심에는 복음이 놓여 있어야 마땅합니다. 복음의 터위에 교회가 세워졌기 때문입니다. 복음이 없으면 교회가 있을 수 없습니다. 기독교는 여러 종교 중의 하나가 아닙니다. 기독교는 곧 예수 그리스도입니다. 예수 그리스도가 곧 복음입니다. 기독교 안에 복음이 있는 것이 아니라 복음이 있기에 기독교가 있는 것입니다. 교회를 교회답게 하는 힘이 복음에 있습니다.

진리는 우리를 복음으로 이끕니다. 그 길을 통하여 하나님은 구원의 길을 여셨습니다. 복음이 빠져 버린 진리는 진리가 될 수 없습니다. 복음은 기독교의 정수입니다. 우리가 자랑하고 붙들고 놓치지 않아야 할 것은 복음입니다. 복음은 어떤 인생이라도 바꾸고도 남을 위력이 있습니다. 예수 그리스도의 복음과 대체할 수 있는 것은 세상에 존재하지 않습니다. 복음은 우리를 구원으로 이끄는 데 완전하고도 탁월합니다. 바울은 "내가 복음을 부끄러워하지 아니하노니 이 복음은 모든 믿는 자에게 구원을 주시는 하나님의 능력이 됨이라 먼저는 유대인에게요 그리고 헬라인에게로다"(롬 1:16)라고 말하며 복음을 자랑스럽게 여겼습니다. 모든 인류를 구원할 능력이 복음 안에 있습니다. 복음은 아무리 망가진 영혼이라도 살려 낼 수 있습니다. 인생에 근본적인 변화를 불러일으킵니다.

하나님은 복음을 통해 인간을 만나 주십니다. 복음을 모르고는 신자가 될 수 없습니다. 복음이 아니면 신앙이 출발할 수 없고, 복음의 경험이 없으면, 신앙에 활력이 있을 수 없습니다. 신앙생활을 한다는 것은 쉬운 일이 아닙니다. 다양한 어려움에 부딪히기 마련입니다. 그때마다 복음으로 무장한 신자는 이겨 냅니다. 우리가 이기는 것이 아니라 복음 안에 있는 이기게 하는 능력으로 이기는 것입니다. 복음의 능력이 위기보다 더 큽니다. 복음에는 엄청난 괴력이 담겨 있습니다. 그만큼 복음은 신앙의 중요한 부분입니다. 신앙은 복음 위에 세워지고, 신앙의 모든 힘은 복음에서 나옵니다.

복음의 신을 신는 이유

아침에 신발을 잘못 선택하면 하루 종일 고생합니다. 특히 전쟁을 치르는 군인들에게는 신발이 생명과도 연결됩니다. 로마 병사들의 신발은 가죽끈으로 단단히 묶는 형태의 부츠였습니다. 가죽끈이 느슨하거나 맞지 않으면 싸울 수가 없습니다. 제대로 된 신발을 신어야만 합니다.

에베소서 6장 15절에 보면, "평안의 복음이 준비한 것으로 신을 신고"라고 기록되어 있습니다. 복음의 신을 신는다는 것은 복음으로 무장하는 것을 의미합니다. 영적 전쟁에서 마귀와 싸우려면 복음으로 무장해야 합니다. 교회는 복음으로 무장되어야 합니다. 건물이 없어도 복음으로 무장된 신자들만 있다면, 교회는 세상을 이기고도 남습니다. 세상의 눈으로 보면, 교회가 초라해 보이고 미미해 보일 때가 많지만, 교회에는 복음이 있습니다. 복음은 세상을 바꿀 능력이 있습니다. 인간이 만들어 낸 이념이 세상을 바꿀 수 있습니까? 인간이 만들어 낸 제도가 세상을 바꿀 수 있습니까? 없습니다. 오직 복음만이 세상을 바꿀 수 있습니다.

세상은 교회에 줄 것이 없지만, 교회는 세상에 줄 것이 있습니다. 바로 예수 그리스도의 복음입니다. 세상 어디에 희망이 있습니까? 교육을 더 받으면, 돈을 더 많이 벌면, 선진 국가가 되면 희망이 있을까요? 어느새 우리나라는 OECD 회원 국가가 되었습니다. 경제적으로는 10위권 안에 진입했습니다. 그러나 자살률은 1위가 되었으며 행복지수는 형편없이 더 낮아졌습니다. 안타깝게도 선진 사회가 되면서 하나님에 대한 반역 문화는 더 팽배해졌습니다. 돈이 많아지고, 위상이 높아져도 세상을 바꿀 수 없습니다. 인간은 심각할 정도로 부패해 있습니다. 죄로 인해 전적으로 무능한 존재입니다. 복음만이 세상의 유일한 희망입니다. 예수 그리스도의 복음보다 더 절실한 것은 없습니다. 그러므로 교회가 초점을 맞춰야 하는 것은 언제나 복음입니다.

복음을 놓치면 길을 잃습니다. 복음을 놓친 교회는 교회 생활을 사회 활동의 연장 정도로 생각합니다. 그래서 결국 한낱 복지 기관이나 정치 집단이 되기도 합니다. 그런 교회는 시대가 바뀌면 사라집니다. 우리가 붙들 것은 오직 예수 그리스도입니다. 복음이 약한 교회는 복음을 잘 이야기하지 않고, 죄에 관한 것들을 잘 언급하지 않습니다. 그런 교회는 10년, 20년을 다녀도 예수를 잘 모르는 종교인들로 가득해집니다. 형식만 따르는 신자들, 명목상의 그리스도인들로 채워지는 것입니다.

그리스도인들로 하여금 복음으로부터 멀어지게 하는 것이야말로 마귀가 하는 일입니다. 마귀는 마치 복음보다 더 중요한 것이 있는 것처럼 사람들의 시선을 분산시키고, 복음이 아닌 것에 관심을 집중하도록 유도합니다. 오늘날 복음으로부터 멀어진 교회가 많습니다. 그 결과, 이단들이 기승을 부리고 있습니다. 두려운 것은 이단이 아니라 복음에서 멀어지는 것입니다.

사람들이 복음에 관해 오해하는 것이 있습니다. 복음은 신앙의 초기에나 필요한 것인 줄로 아는데, 결코 그렇지 않습니다. 복음은 계속 알아가고 경험해야 하는 것입니다. 그래야 신앙이 자라나게 됩니다. 복음을 경험한 만큼 기쁨과 감격이 더 커집니다. 예수 그리스도의 십자가 은혜와 부활의 능력을 끊임없이 경험하지 않으면, 자신도 모르게 마귀의 속임수에 놀아날 수 있습니다. 마귀는 복음을 축소시켜 버리고, 복음이 아닌 것에 관심을 두도록 유도합니다. 자기 의로 충만하여 살아가도록 속입니다. 거짓 복음과 유사 복음으로 유혹합니다. 그러므로 우리에게 필요한 것은 영적 분별력입니다. 우리는 계속해서 예수 그리스도의 복음을 들어야 합니다. 우리에게 소망은 오직 예수 그리스도의 복음밖에 없습니다.

우리가 '복음의 신'을 신어야 하는 이유는 무엇입니까? 가만히

서 있기 위해서 신는 것이 아닙니다. 신발을 신었으면 돌아다녀야 합니다. 복음을 전해야 합니다. 즉 복음을 전하는 삶을 살라는 뜻입니다. 마귀는 복음을 전하는 일을 방해합니다. 이사야서 52장 7절에 보면, "좋은 소식을 전하며 평화를 공포하며 복된 좋은 소식을 가져오며 구원을 공포하며 시온을 향하여 이르기를 네 하나님이 통치하신다 하는 자의 산을 넘는 발이 어찌 그리 아름다운가"라고 기록되어 있습니다. 어떤 발이 아름답다고 말합니까? 좋은 소식을 전하기 위해서 다니는 발이 아름답다고 말합니다.

우리는 복음의 전령들입니다. 복음은 특정인만 전하는 것이 아닙니다. 복된 소식을 들은 사람은 누구나 복음을 전하고자 하는 열망이 생기기 마련입니다. 이것은 자연스러운 일입니다. 복음을 전하라고 말할 필요도 없습니다. 복음을 오롯이 들은 사람은 전하게 되어 있습니다. 복음에는 이미 폭발성과 팽창성이 내재되어 있습니다.

혹자는 "예수 믿는 사람들은 별나다. 시끄럽다. 너무 강요한다"라고 말합니다. 그런데 복음의 성격이 원래 그렇습니다. 기쁜 소식을 발견한 사람은 입을 다물 수가 없습니다. 다른 사람을 살려 낼 소식을 알고 있는데, 입을 다물고 있다면 질이 안 좋은 사람입니다. 복음을 전해본 적이 없다면, 아직 복음을 모른다고 해도 과언이 아닙니다. 복음이 바로 전해지기만 한다면, 한 인생이 바뀌고, 한 도시와 한 나라가 바뀌고, 문명이 바뀌고 시대가 바뀝니다.

복음 전파는 신자의 의무다

약 130년 전에 조선 땅에 복음이 들어왔습니다. 그때 서양 선교사들은 미국 명문가 출신의 젊은이들이 많았습니다. 그들은 오직 예수 그리스도의 복음을 전하기 위해 이 땅을 찾아왔습니다. 그리고 자신들의 생명을 걸고 복음을 전했습니다. 자기 생명을 엉뚱한 곳에 헛되이 바칠 사람이 어디 있겠습니까? 그러나 그들은 복음이 조선에 전해질 때, 나타날 역사를 믿었습니다. 이사야서 61장 1절에 보면, "주 여호와의 영이 내게 내리셨으니 이는 여호와께서 내게 기름을 부으사 가난한 자에게 아름다운 소식을 전하게 하려 하심이라 나를 보내사 마음이 상한 자를 고치며 포로 된 자에게 자유를, 갇힌 자에게 놓임을 선포하며"라고 기록되어 있습니다. 복음이 전해지는 곳에 바로 이런 역사가 일어나게 됩니다.

교회가 해야 할 일이 많지만, 복음을 전하는 사명과 바꿀 수 있는 것은 아무것도 없습니다. 교회가 좋은 일을 함으로써 세상으로부터 칭송을 받아야 하지만, 칭송받는 것 자체가 목적은 아닙니다. 칭송을 받아야 할 이유는 복음 전도에 있습니다. 전도할 때, "우리 교회에 와 보세요"라는 말보다 더 중요한 것은 복음을 전하는 것입니다. 내가 만난 예수, 내 인생을 바꾸어 놓은 예수 그리스도를 전해야 합니다. 복음이 내 생각과 사고방식을, 가치관과 세계관을 바꾸었고 내 삶의 모든 것을 바꾸어 놓았다는 것을 알려 주어야 합니다. 교회에 처음 나온 신자에게는 어떤 것보다도 복음을 먼저 경험하게 해야 합니다. 자칫 문제가 생겨서 교회를 떠나게 되면, 다시 복음을 들을 기회가 없어질 수 있기 때문입니다.

우리가 믿어야 할 분은 예수 그리스도밖에 없습니다. 초대교회 사람들이 핍박을 아무리 받아도 복음을 전할 수밖에 없었던 이유는 복음만이 유일한 소망이기 때문입니다. 좋은 소식은 가능한 한 많은 사람에게 알려야 합니다. 이 기쁜 소식을 듣지 못한 채 죽는 사람이 생기면 안 됩니다.

로마서 10장 14절에 보면, "그런즉 그들이 믿지 아니하는 이를 어찌 부르리요 듣지도 못한 이를 어찌 믿으리요 전파하는 자가 없이 어찌 들으리요"라고 기록되어 있습니다. 전파하는 자가 없다면 어떻게 믿을 수 있겠습니까? 우리도 누군가 전해 주어 믿게 되었습니다. 또 이어지는 15절에는 "보내심을 받지 아니하였으면 어찌 전파하리요 기록된 바 아름답도다 좋은 소식을 전하는 자들의 발이여 함과 같으니라"라고 쓰여 있습니다. 복음은 나만 알고 있어야 하는 비밀 소식이 아닙니다. 세상이 아무리 망가져도 복음이 들어가면, 되살아날 수 있습니다.

그런데 복음이 전해지는 곳에는 치열한 전쟁이 벌어집니다. 마귀가 가장 싫어하는 것은 복음을 듣고 구원받는 사람들이 늘어나는 것입니다. 복음은 우리를 영원한 생명으로 인도합니다. 예수 그리스도의 부활의 복음보다 더 나은 복음이 있다면 그것을 따라가면 됩니다. 그러나 하나님은 이 복음 외에 다른 것을 주시지 않았습니다. 인간에게 줄 수 있는 최상의 선물과 유일한 길을 열어 놓으신 것이 예수 그리스도의 십자가와 부활의 복음입니다.

예수님의 마지막 명령은 "가라"였습니다. 마태복음 28장 19절에 보면, "그러므로 너희는 가서 모든 민족을 제자로 삼아 아버지와 아들과 성령의 이름으로 세례를 베풀고"라고 기록되어 있습니다. 또 사도행전 1장 8절에는 "오직 성령이 너희에게 임하시면 너희가 권능을 받고 예루살렘과 온 유대와 사마리아와 땅 끝까지 이르러 내 증인이 되리라 하시니라"라고 기록되어 있습니다. 우리가 복음을 전하러 갈 때, 하나님은 우리만 내버려 두지 않으시고 함께 가신다는 뜻입니다. 성령께서 마귀와의 싸움에서 공격을 막아 주시고, 할 말을 알려 주시고, 복음의 역사가 나타나도록 함께하신다는 것입니다. 성령이 우리에게 임하셔야 비로소 우리가 권능을 받고, 권능을 받아야 증인이 될 수 있습니다. 게다가 고린도전서 9장 16절에 보면, "내가 복음을 전할지라도 자랑할 것이 없음은 내가 부득불 할 일임이라 만일 복음을 전하지 아니하면 내게 화가 있을 것이로다"라고 기록되어 있습니다. 복음 전파는 신자의 의무입니다.

마지막 시대를 살아가는 이때, 긴박성을 가지고 복음을 전하는 일에 힘쓰기를 바랍니다. 복음은 실패한 인생을 다시 살려 낼 뿐만 아니라 영원한 길로 인도합니다.

세상의 눈으로 보면 교회가
초라해 보이고 미미해 보일 때가 많습니다.
하지만 복음으로 무장된 신자들만 있다면,
교회는 세상을 이기고도 남습니다.

8장. 믿음의 방패

엡 6:16
모든 것 위에 믿음의 방패를 가지고 이로써
능히 악한 자의 모든 불화살을 소멸하고

고대 로마 시대에 불화살은 매우 위협적인 공격 무기였습니다. 솜뭉치를 감싼 화살촉에 불을 붙여 쏘는 불화살은 한 방이라도 맞으면 치명상을 입을 수 있었습니다. 언제 어디서든지 공격받을 수 있으므로 방어할 준비를 철저히 해야만 했습니다. 그래서 전쟁에 임하는 병사들은 손에 방패를 들었습니다. 방패는 길이 120cm, 폭 60cm 정도로 적이 쏘는 불화살에서 온몸을 보호할 수 있을 정도로 넉넉한 크기였는데, 나무 판에 천과 가죽을 씌운 후 금속 테두리를 둘러 만들었습니다.

바울은 영적 전쟁에서 "악한 자의 모든 불화살"에 맞서 "모든 것", 곧 전신 갑주 위에 "믿음의 방패"를 들라고 말했습니다(엡 6:16). 마귀는 시시하게 공격하지 않습니다. 급소를 정확히 겨누고 무자비하게 공격합니다. 완전히 파멸할 때까지 공격을 멈추지 않습니다. 마귀의 불화살에 맞으면, 신앙생활이 크게 흔들릴 수 있습니다. 믿음의 방패로 마귀의 공격을 막아야 합니다.

마귀가 쏘는 불화살은 어떤 것인가?

마귀는 우리가 믿고 있는 것들을 공격합니다. 믿음이 흔들릴 뻔한 경험을 누구나 한 번쯤은 해 봤을 것입니다. 믿음 생활을 아무리 잘하는 사람일지라도 믿음의 시험으로부터 자유로울 수는 없습니다. 고린도전서 10장 12절에 보면, "그런즉 선 줄로 생각하는 자는 넘어질까 조심하라"라고 기록되어 있습니다. 내 믿음 정도면 괜찮다고 여기지 않도록 경계해야 합니다. 언제든지 넘어질 수 있기 때문입니다. 성경을 보면, 믿음의 길에서 넘어진 자들이 꽤 있습니다. 그러므로 우리는 전신 갑주를 입어야 하고, 믿음의 방패를 들어야 합니다.

"모든 것 위에 믿음의 방패"를 가지라는 말은 어떤 상황에서도 믿음의 방패를 놓치지 말라는 뜻입니다. 마귀의 파괴적인 공격에 맞서려면 방패가 꼭 필요합니다. 게다가 마귀는 우리가 방패를 내려놓기만을 기다리고 있습니다. 그러므로 방패를 멀리 두어서도 안 됩니다. 언제든지 손에 붙들고 있어야 합니다.

마귀가 쏘는 불화살이란 어떤 것입니까? 의심, 불신, 낙심, 두려움, 열등감, 죄책감 등 부정적인 생각들입니다. 마귀는 우리의 믿음을 공격하여 신앙의 근거를 의심하게 합니다. 눈에 보이고, 손에 잡히는 것만 믿으라고 속삭입니다. 신의 존재를 증명해 보라고 도발하며 하나님의 존재를 의심하게 하고, 사후 세계를 부정하도록 만듭니다. 마귀가 한번 시험하기 시작하면, 걷잡을 수 없습니다. 그러나 하나님은 눈으로 볼 수 있는 분이 아닙니다. 눈이 아닌 믿음으로 봐야 합니다. 믿음이 있어야 하나님께 나아갈 수 있고, 믿음이 있어야 눈에 보이지 않는 영의 세계를 볼 수 있게 됩니다.

우리 시대는 의심이라는 병에 걸려 있습니다. 특히 언제 믿음이 흔들립니까? 내 삶에 어려움이 찾아왔을 때입니다. 믿음 생활을 착실히 한다고 해서 늘 승승장구하며 사는 것은 아닙니다. 인생에 시련이 찾아올 수 있습니다. 시련은 우리 삶을 흔들어 놓습니다. 고통의 이유를 알 수 없기도 합니다. 그러면 하나님께 "왜 제게 이런 고통을 주십니까?" 하고 묻습니다. 그러나 우리가 당하는 고난에 대하여 답을 얻기란 쉬운 일이 아닙니다. 고난의 이유를 밝히려다가 오히려 시험에 들기 쉽습니다.

교회의 미래를 연구하는 학자들에 따르면, 한국 교회가 싸울 대상은 이단이나 타 종교가 아니라고 합니다. 가장 강력한 상대는 '무신론'이라고 합니다. 종교 자체에 관심을 가지지 않는 사람들이 점차 늘어나는 것은 세속 사회의 특징입니다. 신의 존재를 부정하는 것은 물론이고, 종교 자체에 반발심을 나타내는 세대가 증가하고 있습니다.

무신론자 중에는 성경 지식에 해박한 사람들도 꽤 있습니다. 그들은 신의 부재를 무조건 우기지 않습니다. 나름대로 이론적인 근거를 제시하기도 합니다. 그러나 무신론도 일종의 신앙이고, 마귀가 활동하고 있는 영역입니다. 특별히 오늘날은 기독교와 하나님에 대한 적대적인 태도의 사회·문화 영역이 넓어지고 있습니다.

그중 하나가 동성애 문제입니다. 동성애는 동성애 문제로만 끝나지 않습니다. 그 안으로 들어가면, 신에 대한 저항 문화가 숨겨져 있습니다. 소위 '성 혁명'은 신이 되고자 하는 인간이 흔들어 대는 반기입니다. 죄의 심판을 말하는 신이라는 존재가 부담스러운 것입니다. 최근 캐나다에서 이런 일이 있었다고 합니다. 어떤 사람이 아기를 안고 있는 부모에게 딸인지 아들인지를 물었습니다. 그러자 아기 엄마가 "아직 모르겠어요. 남자로 살지 여자로 살지는 이 아이가 커서 스스로 결정하도록 해 주어야지요"라고 대답했다고 합니다. 개인에게 자신의 성별을 결정할 권한을 주는 문화가 앞으로 더 확산될 것입니다. 동성애를 지지하는 문화의 저변에는 하나님에 대한 의심을 넘은 저항의 문화가 깔려 있음을 알아야 합니다.

이런 시대의 흐름 속에서 마귀는 세속 문화와 적당히 타협하며 살라고 부추깁니다. "시대에 맞지 않게, 꽉 막힌 사람처럼 굴지 마라. 지성인이 그것도 이해 못 하느냐?"라고 속삭이며 우리 생각을 휘젓고, 마음을 흔들어 놓습니다. 지금껏 우리가 믿어 왔던 것들에 의심을 불어넣어 세상의 영향력 아래 조금씩 무너져 내리도록 교묘하게 공격하는 것입니다. 적당히 타협하라는 유혹에 넘어가면, 아차 하는 순간에 신앙의 영역에서 배교의 영역으로 추락하게 됩니다. 사탄이 쏜 낙심의 불화살을 맞은 것입니다.

믿음의 방패를 든다는 것

신앙생활에 있어서 가장 중요한 것은 믿음의 근거입니다. 내가 믿어야 할 대상이 누구인가를 바로 아는 것이 중요합니다. 대상을 잘 모르고 믿는 것을 미신이라고 합니다. 우리 믿음의 대상이신 하나님을 잘 모르면 위험해집니다. 힘들고 어려운 일이 닥치면, 믿음이 흔들리기 쉽기 때문입니다. 삶이 폭풍 가운데 들어갈 때, 마귀가 다가옵니다. 하나님의 사랑을 의심하게 하여 낙심하고 절망하게 합니다. 불만에 빠지게 합니다. 급기야 하나님의 존재를 의심하게 만듭니다. 하나님의 존재를 부정하고, 믿음의 세계에서 떠나도록 만들려는 것입니다.

믿음은 하나님이 언제나 우리 편이 되실 것을 확신하는 것입니다. 마귀가 공격해 올 때마다 우리는 하나님께 피할 수 있어야 합니다. 혼자 힘으로 싸우려고 해 봤자 이길 수 없습니다. 하나님이 도우셔야 이길 수 있습니다. 시편 34편 8절에 보면, "너희는 여호와의 선하심을 맛보아 알지어다 그에게 피하는 자는 복이 있도다"라고 기록되어 있습니다. 믿음의 삶이란 하나님께 피하는 것입니다. 시편 91편 1-2절에는 "지존자의 은밀한 곳에 거주하며 전능자의 그늘 아래에 사는 자여, 나는 여호와를 향하여 말하기를 그는 나의 피난처요 나의 요새요 내가 의뢰하는 하나님이라 하리니"라고 기록되어 있습니다. 의지할 곳을 알고 피하는 것이 신앙입니다. 엉뚱한 곳으로 피하면, 피해가 클 수밖에 없습니다.

하나님은 우리에게 언제나 선하시고, 신실하신 분입니다. 로마서 8장 28절에 보면, "우리가 알거니와 하나님을 사랑하는 자 곧 그의 뜻대로 부르심을 입은 자들에게는 모든 것이 합력하여 선을 이루느니라"라고 기록되어 있습니다. 합력하여 선을 이루시는 하나님을 믿으십시오. 망할 것 같아도 망하지 않습니다. 우리 인생의 결론은 하나님이 내십니다. 마귀는 우리의 구원을 빼앗아 갈 수 없습니다. 잠언 30장 5절에는 "하나님의 말씀은 다 순전하며 하나님은 그를 의지하는 자의 방패시니라"라고 기록되어 있습니다. 하나님이야말로 가장 강력한 방패이십니다.

하나님께로 피하는 것이 믿음입니다. 어떻게 피해야 합니까? 기도로써 피하십시오. 기도하다 보면, 하나님에 대한 신뢰가 더 깊어집니다. 기도하면 할수록 하나님에 대한 의심은 사라지고, 확신으로 가득 차게 될 것입니다. 기도하기 전과 후가 완전히 다릅니다. 기도하는 가운데 믿음이 강화되고, 불안함이 사라지며 평안이 찾아옵니다. 믿음이 더욱 커지고, 상황은 더욱 작아집니다.

사탄에게 불화살이 있다면, 우리에게는 믿음의 방패가 있습니다. 믿음의 방패를 어떻게 사용해야 합니까? 믿음의 방패를 든다는 것은 하나님의 말씀을 붙드는 일입니다. 마귀가 광야에서 40일 동안 금식하신 예수님을 시험할 때, "네가 만일 하나님의 아들이어든 이 돌들에게 명하여 떡이 되게 하라"(눅 4:3)라고 하였습니다. 당시 현실적인 상황에서 떡보다 더 절실한 것은 없었습니다. 그러나 예수님은 배고픈 상황에 주목하지 않으시고, 하나님의 말씀을 더욱 붙드셨습니다.

사실, 우리는 얼마나 굴곡진 삶을 살아가고 있습니까? 전쟁터와 같은 세상에서 살고 있습니다. 밀어닥치는 시련 앞에 우리 삶이 흔들릴 수 있습니다. 불어닥친 고난을 받아들이기 어려울 수 있습니다. 그런데 우리가 괴로워하며 힘들어할 때, 마귀가 찾아온다는 것을 알아야 합니다. 마귀가 우리를 향해 불화살을 쏘아 댈 것입니다. 자기 연민에 빠지게 하거나 죄책감에 빠지게 하거나 두려움에 휩싸이게 할 것입니다. 우리를 절망 속으로 밀어 넣을 것입니다. 그러나 마귀의 말에 귀를 기울이면, 실패하는 인생이 됩니다.

절망적인 상황에서도 하나님을 포기하지 않는 것이 믿음입니다. 우리는 경험한 것을 믿으려고 할 때가 있습니다. 하지만 시시각각으로 변하는 내 마음, 내 감정을 믿지 마십시오. 일어난 상황을 보고 결론을 내어서도 안 됩니다. 하나님에 대한 신뢰는 감정적인 것만이 아닙니다. 믿음은 하나님의 말씀에 근거해야 합니다. 그러므로 어려움이 닥칠 때마다 하나님의 말씀을 들여다봐야 합니다.

영적 전쟁은 늘 일상에서 일어납니다. 어려움이 닥칠 때, 마귀가 신속하게 공격하듯이 우리도 신속하게 방어해야 합니다. 우물쭈물하면 안 됩니다. 즉각적으로 하나님의 말씀을 붙들고 선포해야 합니다. 믿음의 근거는 하나님의 말씀이며 우리는 그 말씀이 이루어질 것을 믿습니다. 감정보다 하나님의 약속을 붙들어야 합니다. 힘들 때마다 말씀을 붙들지 않으면, 마귀의 소리가 더 크게 들려올 것입니다. 말씀을 의심하게 할 것입니다. 그러나 당장 눈앞에 펼쳐진 상황이 아무리 최악이라도 그것이 전부가 아닙니다. 우리에게 필요한 것은 하나님의 말씀입니다. 이때 믿음의 방패를 들어야 합니다.

그런데 성경을 봐도 하나님은 고통의 원인에 관해서는 설명해 주시지 않습니다. 욥기를 보면, 고통에 대해서 쉽게 설명하려는 태도가 얼마나 큰 문제가 될 수 있는지를 알려 주고 있습니다. 사탄이 접근하여 하나님에 대한 욥의 믿음을 무너뜨리고,

흔들어 대려고 했습니다. 고난이 길어지자 그렇게 믿음이 좋던 욥마저 흔들렸습니다.

그러나 하나님은 욥의 고난에 대해 오랫동안 침묵하셨습니다. 욥기 38장에 이르러서야 하나님이 비로소 침묵을 깨고 등장하십니다. 그리고 욥에게 창조 질서에 관해 "네가 아느냐?" 하고 물으십니다. 당연하게도 욥은 아무런 답도 하지 못합니다. 하나님은 욥이 답하지 못할 것을 이미 알고 계셨습니다. 그럼에도 욥에게 그 답은 하나님만이 알고 계심을 일깨워 주시려고 한 것입니다. 욥은 자신의 무지함을 깨달았습니다. 고난은 해석하기 어렵습니다. 고난을 설명하려고 하지 마십시오. 하나님이 원하시는 것은 말씀에 대한 믿음입니다.

믿음의 방패로 연합 전선을 펼쳐라

세상에서 믿음으로 산다는 것은 어려운 일입니다. 믿기 힘든 세상에서 믿음을 지키려고 애쓰는 것을 주님이 아십니다. 믿음을 지켜 나가는 일은 그 자체가 귀중합니다. 그래서 믿음이야말로 하나님을 기쁘시게 하는 일입니다. 히브리서 11장 6절에 보면, "믿음이 없이는 하나님을 기쁘시게 하지 못하나니 하나님께 나아가는 자는 반드시 그가 계신 것과 또한 그가 자기를 찾는 자들에게 상 주시는 이심을 믿어야 할지니라"라고 기록되어 있습니다. 하나님이 욥을 통해 우리에게 주시는 메시지는 무엇입니까? 욥은 자신에게 닥친 엄청난 고난에도 불구하고, 하나님을 하나님으로 인정하는 삶을 살았습니다.

우리를 넘어뜨리려는 시도와 공격이 무수히 많을 것입니다. 그때마다 믿음의 방패를 드십시오. 하나님은 어떤 상황에서도 하나님을 믿고 의지하는 자를 찾으십니다. 요한일서 5장 4절에 보면, "무릇 하나님께로부터 난 자마다 세상을 이기느니라 세상을 이기는 승리는 이것이니 우리의 믿음이니라"라고 기록되어 있습니다. 믿음이 세상을 이기게 한다는 뜻입니다. 믿음은 시련을 이기게 하고, 고난 가운데서도 기쁨을 유지하고 두려움을 통과하게 합니다.

로마 군대는 전쟁을 벌일 때 연합 전선을 펼쳐 방어하곤 했습니다. 적이 공격할 틈을 주지 않기 위해 여러 병사가 방패와 방패를 연결하여 방어막을 세운 것입니다. 영적 전쟁도 마찬가지입니다. 홀로 싸우지 말고, 함께 싸워야 이깁니다. 믿음이 흔들릴 때는 믿음이 좋은 사람 곁에 붙어 있으십시오. 믿음의 공동체가 필요한 이유입니다. 좋은 공동체는 서로 믿음을 계속해서 강화시켜 줍니다. 의지할 만한 사람이 많은 데가 좋은 공동체입니다. 만나면 믿음의 활력을 불어넣어 주는 형제자매가 많은 곳이 좋은 교회입니다. 함께 마음을 모아 믿음으로 대응하면 훨씬 강력해집니다. 한마디로 믿음의 방패는 연합 전선입니다.

모여서 함께 기도하십시오. 부부가 손잡고 기도하면 기도가 더욱 강력해지고, 성도들이 한마음으로 기도하면 놀라운 힘이 솟아나는 법입니다. 전도서 4장 12절에 보면, "한 사람이면 패하겠거니와 두 사람이면 맞설 수 있나니 세 겹 줄은 쉽게 끊어지지 아니하느니라"라고 기록되어 있습니다. 마귀의 공격을 방어할 최상의 무기는 믿음의 방패이며, 방패와 방패가 연결되면 더욱 강해지듯이 성도들의 믿음이 연결되면 훨씬 더 강력해집니다.

악하고 무자비한 마귀가 불신으로 몰아가는 세상은 살기에 힘하고 고됩니다. 이성과 과학이 신처럼 숭배되는 세상입니다. 그럴수록 우리에게 필요한 것은 믿음입니다. 눈에 보이는 것이 없고, 손에 잡히는 것이 없어도 하나님을 신뢰하고, 믿음으로 살아가야 합니다. 어설픈 믿음으로는 마귀의 불화살을 막아내기가 어렵습니다. 나와 우리의 믿음의 방패는 이상이 없는지 점검해 보십시오. 성경에 나오는 믿음의 조상들은 말로 다 할 수 없는 환난과 고통을 겪으면서도 믿음으로 모든 것을 이겨냈습니다(참조, 히 11장). 그들은 고난 가운데서도 부활의 신앙이 있었습니다. 신앙의 좋은 모델입니다.

십자가 부활의 신앙이 있다면, 마귀의 공격을 능히 이길 수 있습니다. 예수가 믿어지고, 십자가와 부활이 믿어진다면, 세상을 이기는 믿음을 이미 가진 셈입니다. 오늘도 하나님은 우리를 승리로 이끄십니다. 우리가 하나님의 말씀으로 무장하고, 기도로 연합함으로써 믿음의 방패를 가지고 나아간다면, 반드시 승리할 것입니다.

9장. 구원의 투구

엡 6:17
구원의 투구와 성령의 검 곧 하나님의 말씀
을 가지라

마귀는 주로 신자의 머리를 공격합니다. 머리는 마음과 생각을 의미합니다. 영적 전쟁에서 가장 치열한 전투가 벌어지는 곳이 바로 머리입니다. 그러므로 우리는 자기 생각이 어디에서 온 것인지를 수시로 점검해 봐야 합니다.

요한복음 13장 2절에 보면, "마귀가 벌써 시몬의 아들 가룟 유다의 마음에 예수를 팔려는 생각을 넣었더라"라고 기록되어 있습니다. 이 말씀은 가룟 유다가 마귀가 준 생각을 받아들였다는 뜻입니다.

베드로도 이와 비슷한 일을 겪은 적이 있습니다. 예수님이 십자가에서 죽으시고 사흘 만에 다시 살아나실 것을 말씀하실 때, 베드로가 예수님을 붙들고 "주여 그리 마옵소서 이 일이 결코 주께 미치지 아니하리이다"(마 16:22) 하고 만류했습니다.

그러자 예수님이 베드로에게 "사탄아 내 뒤로 물러가라 너는 나를 넘어지게 하는 자로다 네가 하나님의 일을 생각하지 아니하고 도리어 사람의 일을 생각하는도다"(마 16:23)라고 말씀하셨습니다.

베드로가 사탄이라는 뜻이 아닙니다. 마귀가 베드로의 머리에

생각을 심어 주었다는 뜻입니다. 우리는 마귀가 주는 생각을
대적해야 합니다. 머리가 곧 영적 전쟁터임을 놓쳐서는 안 됩
니다.

마귀가 머리를 공격하는 이유

고대 로마 시대의 군인은 칼이나 철퇴 같은 무기를 주로 사용했습니다. 적의 공격으로부터 머리를 보호하기 위해 청동이나 철로 만든 투구를 썼습니다. 바울은 영적 전쟁이 벌어지고 있는 머리를 보호하기 위해 "구원의 투구"(엡 6:17)를 가지라고 하였습니다. 그런데 왜 '구원'의 투구입니까?

죄로 인해 실패한 인간에게 절실한 것이 구원임을 잘 알고 있는 마귀가 구원에 관한 생각을 집요하게 공격하기 때문입니다. 마태복음 16장 26절에 보면, "사람이 만일 온 천하를 얻고도 제 목숨을 잃으면 무엇이 유익하리요 사람이 무엇을 주고 제 목숨과 바꾸겠느냐"라고 기록되어 있습니다. 천하를 다 얻고도 구원을 받지 못한다면 무슨 의미가 있겠습니까? 구원은 영원한 생명에 관한 문제입니다.

성경은 구원받은 자와 받지 못한 자를 구분합니다. 마태복음 25장 31-33절을 보면, "인자가 자기 영광으로 모든 천사와 함께 올 때에 자기 영광의 보좌에 앉으리니 모든 민족을 그 앞에 모으고 각각 구분하기를 목자가 양과 염소를 구분하는 것같이 하여 양은 그 오른편에 염소는 왼편에 두리라"라고 기록되어 있습니다. 마지막 때에 알곡과 가라지를 가릴 날이 온다는 뜻입니다(참조, 마 13:25-40). 지상에 있는 동안에는 알곡과 가라지가 비슷해 보일 것입니다. 가라지가 더 알곡 같아 보일 수도 있습니다. 심지어는 알곡이 가라지 취급을 받을 수도 있습니다. 그만큼 분별하기가 어렵습니다. 그러나 마지막 때에 주님이 구별하실 것입니다. "나는 구원을 받았는가?" 하고 진지하게 자문해 봐야 합니다.

베드로전서 3장 15절에 보면, "너희 마음에 그리스도를 주로 삼아 거룩하게 하고 너희 속에 있는 소망에 관한 이유를 묻는 자에게는 대답할 것을 항상 준비하되 온유와 두려움으로 하고"라고 기록되어 있습니다. 구원받은 자의 소망은 분명합니다. 그리스도와 함께하는 것입니다.

세속적인 소망은 언젠가는 끝이 납니다. 사람은 나이가 들수록 세상에 소망하는 것들이 하나둘씩 사라져 갑니다. 젊은 날에는 꿈도 많고, 계획도 많고, 가슴 뛰는 일들이 많지만, 나이가 들어가면서 소망하는 것이 현저히 줄어들고, 결국 삶의 초점이 선명해지는 순간을 맞이하게 됩니다. 우리가 평생 바라고 소망하던 것이 바로 구원임을 깨닫는 것입니다.

성경의 핵심 주제는 창조와 구원입니다. 하나님이 하시는 주된 일은 구원이고, 그것을 방해하는 것이 마귀의 주된 사역입니다. 우리는 하나님의 구원이 얼마나 풍성한 것인지 잘 알지 못합니다. 인간이 알기에는 한계가 있습니다. 구원은 신비로운 것입니다. 삼위일체 안에서 구원을 살펴보면, 더욱 신비롭습니다. 인간의 구원을 이루기 위해 성부와 성자와 성령이 연합하셨기 때문입니다. 죄로 인해 망가진 세상을 회복해 가시는 하나님의 구원 이야기는 크고도 놀랍습니다. 우리가 얻은 구원은 결코 초라한 것이 아닙니다.

구원이 무엇인지를 알면 알수록 감격이 넘칩니다. 우리 신앙의 동력은 구원을 알아가고, 구원을 누리고, 구원의 즐거움을 만끽하는 것입니다. 천국의 비밀을 깨달은 사람은 다릅니다. 세상에서는 그런 경험을 할 수가 없습니다. 구원의 즐거움이 진짜입니다. 거기서 모든 에너지가 나옵니다. 나를 구원하신 하나님을 위해서 살고 싶어집니다. 이것이 신앙의 뿌리입니다.

그래서 마귀는 어떻게 해서든 우리가 구원에 관해 확신을 갖지 못하도록 머리를 공격합니다.

구원의 확신으로 머리를 감싸라

오늘날은 확신 부재의 시대입니다. 지식 정보 사회가 되었지만, 확신은 형편없이 낮아진 시대를 살고 있습니다. 지식으로 아는 것과 확신하는 것에는 큰 차이가 있습니다. 얼마나 많이 아느냐보다 얼마나 확신하느냐가 중요합니다. 믿음의 세계는 더더욱 그렇습니다. 구원의 확신이 필요합니다. 교회를 꽤 오래 다녔음에도 구원에 대한 확신이 없는 사람들이 있습니다. "나도 천국에 들어갈 수 있을까? 나는 정말로 구원받은 것일까?" 하고 고민하다가 세월을 다 보냅니다. 확신이 없으니 활력 있게 신앙생활 하기가 어렵고, 마귀에게 휘둘리기 쉽습니다.

구원에 있어서 확신을 가지는 것이 매우 중요합니다. 확신이 있는 신앙과 없는 신앙은 다릅니다. 확신은 구원의 문제뿐 아니라 삶의 모든 영역에서 중요합니다. 무엇을 하든지 확신이 없으면 이루어 내기가 어렵습니다. 능력이 있어도 확신이 부족하면, 능력 발휘가 안 됩니다. 능력을 끌고 가는 힘이 바로 확신입니다. 특별히 리더십에게 확신이 중요합니다. 앞장선 사람이 확신이 없으면, 따르는 사람들이 불안합니다.

"나는 구원받았는가?"라는 질문은 감정 상태를 묻는 것이 아닙니다. 구원의 사실에 대한 의심 없는 태도를 묻는 것입니다. 핵심은 확신의 근거입니다. 구원을 확신한다고 할 때, 그 근거는 우리에게 있지 않고, 하나님께 있습니다. 에베소서 2장 8-9절에 보면, "너희는 그 은혜에 의하여 믿음으로 말미암아 구원을 받았으니 이것은 너희에게서 난 것이 아니요 하나님의 선물이라 행위에서 난 것이 아니니 이는 누구든지 자랑하지 못하게 함이라"라고 기록되어 있습니다. 구원은 하나님의 선물입니다.

그런데 마귀는 우리 머리에 부정적인 생각을 집어넣고, 자신이 받은 구원을 의심하게 만듭니다. 과거에 지은 죄를 떠올리게 하여 죄책감에 시달리게 함으로써 구원에 대한 자신감을 떨어뜨립니다. "나는 충분히 선하다"라고 말할 수 있는 사람은 아무도 없습니다. 하나님 앞에서 스스로 의롭다고 자신할 수 있는 사람이 어디 있겠습니까? 우리 자신에게는 구원의 소망이 없지만, 하나님이 예수를 통하여 구원의 길을 열어 주셨습니다. 예수님이 우리 죄를 담당하시고, 우리 대신 십자가에 달려 죽으심으로써 우리를 구원하셨습니다.

성경은 창세기부터 요한계시록까지 구원의 드라마를 기록한 책입니다. 하나님이 인간을 구원하기로 작정하시고, 인간의 실패와 마귀의 방해에도 불구하고 우리를 향한 구원을 이루어 내신 이야기입니다. 구원의 확신은 바로 여기서 시작됩니다.

또 구원의 확신은 하나님의 능력과 성품에 근거합니다. 하나님의 구원 계획은 실패하지 않습니다. 하나님께 실패란 없습니다. 요한복음 10장 28-29절에 보면, "내가 그들에게 영생을 주노니 영원히 멸망하지 아니할 것이요 또 그들을 내 손에서 빼앗을 자가 없느니라 그들을 주신 내 아버지는 만물보다 크시매 아무도 아버지 손에서 빼앗을 수 없느니라"라고 기록되어 있습니다. 하나님께서 구원하기로 작정하시면 끝까지 포기하지 않으십니다.

물론 구원의 확신이 부족하다고 해서 구원이 취소되는 것은 아닙니다. 확신이 구원을 결정하는 것은 아니지만, 신앙의 태도를 결정합니다. 구원은 우리의 감정 상태에 따라 오락가락하지 않습니다. 만약 그런 것에 좌우된다면, 구원은 너무도 허약한 줄일 것입니다. 언제든지 끊어질 수 있는 줄을 붙잡고 살아가야 한다면 얼마나 불안하겠습니까? 실패가 없으신 하나님과 변치 않는 하나님의 약속을 근거로 구원을 확신하십시오.

여기서 한 가지 점검할 것이 있습니다. 구원의 확신을 너무 가볍게 여겨서는 안 된다는 것입니다. 구원의 확신이 부족한 것도 문제이지만, 거짓 확신을 가지는 것은 더 큰 문제입니다. 진짜와 거짓을 구별하기란 쉬운 일이 아닙니다. 내가 가진 구원의 확신이 진짜인지 아닌지를 검증해야 합니다. 구원을 받았다고 하는데, 구원받은 자로서 삶의 변화가 전혀 일어나지 않는다면 의심해 봐야 합니다.

마태복음 7장 21절은 "나더러 주여 주여 하는 자마다 다 천국에 들어갈 것이 아니요 다만 하늘에 계신 내 아버지의 뜻대로 행하는 자라야 들어가리라"라고 기록하고 있습니다. 이 구절로 다른 사람을 판단할 것이 아니라 자기 자신에게 적용해 봐야 합니다. 또 고린도후서 13장 5절은 "너희는 믿음 안에 있는가 너희 자신을 시험하고 너희 자신을 확증하라 예수 그리스도께서 너희 안에 계신 줄을 너희가 스스로 알지 못하느냐 그렇지 않으면 너희는 버림받은 자니라"라고 기록되어 있습니다. 자기 검증이 필요한 이유입니다. 영원의 문제가 달려 있기 때문입니다.

구원의 가장 뚜렷한 증거는 죄에 대한 태도에서 나타납니다. 하나님의 뜻대로 살지 못할 때, 진정으로 회개하는가를 보면 알 수 있습니다. 살다 보면, 어쩔 수 없이 죄지을 때가 있는데, 형식적으로 회개하지 않고 진정으로 죄를 뉘우치고 하나님 앞에 용서를 구하는가가 중요합니다.

마귀는 우리가 거짓된 확신에 차서 살도록 속이고 유도합니다. 교회에 출석하고, 헌금하는 외적 행위로 만족하게 합니다. 잠언 16장 25절에 "어떤 길은 사람이 보기에 바르나 필경은 사망의 길이니라"라고 기록되어 있습니다. 마귀의 속임수에 빠져 겉으로 보기에는 믿는 것 같지만, 결코 구원에 이를 수 없는 사람이 얼마든지 있을 수 있습니다.

중요한 것은 구원과 멸망의 갈림길이 있다는 것입니다. 마태복음 22장 14절에 보면, "청함을 받은 자는 많되 택함을 입은 자는 적으니라"라고 기록되어 있습니다. 모두가 구원받는 것은 아니라는 뜻입니다. 신자를 자처하더라도 하나님의 나라에 속하지 않은 사람이 많을 수 있습니다. 교회에서 누구보다도 열심히 봉사한 사람이라도 마지막 날에 하나님이 "나는 너를 모른다"라고 말씀하실 수 있습니다. 오늘 죽어도 천국에 들어갈 수 있다는 확신이 우리 안에 있어야 합니다. 이 문제가 해결되지 않으면, 우리 삶은 미궁에 빠집니다. 답이 없습니다. 이 세상이 전부라면, 인생은 비극입니다.

마귀는 미래의 천국을 바라보지 말고, 지금 지상의 삶을 천국으로 만들라고 유혹합니다. 이 세상이 영원할 것처럼 착각하게 만듭니다. 사람들이 영원의 세계에 관심을 두지 못하도록 눈에 보이는 것, 손에 잡히는 것들에 시선을 빼앗기게 합니다. "육신의 정욕과 안목의 정욕과 이생의 자랑"(요일 2:16)을 극대화하며 들이댑니다. 그러나 원하는 모든 것을 가져도 만족이 없습니다. 행복하지 않습니다. 아무리 먹고 마시고 가져도 갈증이 사라지지 않습니다. 더 목마르게 될 뿐입니다. 이것이 구원받지 못한 자의 삶입니다.

사람들은 행복이 구원인 줄 착각합니다. 그래서 죽도록 행복을 추구합니다. 그러나 행복은 신기루에 지나지 않습니다. 마귀의 속삭임에 넘어가지 마십시오. 하나님이 영원한 천국을 약속하신 이유는 이 세상에는 천국이 없기 때문입니다.

구원을 묵상하고 천국을 사모하라

신앙생활이란 구원을 경험해 가는 삶의 여정입니다. 장차 천국에 들어갈 꿈만 꿀 게 아니라 바로 이 순간에도 하나님의 나라를 경험할 수 있습니다. 하나님의 나라란 하나님의 다스림을 받는 것을 의미합니다. 그 다스림을 받으면 받을수록 하나님의 나라가 내 안에서 날로 확장되어 갑니다. 말씀에 순종하면 할수록 구원의 기쁨이 점점 더 커져 갑니다. 마음의 안식이 더욱 깊어집니다. 나를 얽매고 속박하던 것들로부터 자유로워집니다. 하나님과의 관계가 깊어질 때, 삶이 풍성해집니다. 이것이 바로 구원을 누리는 삶입니다.

우리는 구약 시대의 성도들보다 더 깊은 확신을 갖고 살아야 합니다. 구약의 성도들은 오실 그리스도를 바라봤습니다. 그러나 우리는 이미 오신 그리스도를 바라보고 있기 때문입니다. 우리에게 주어진 구원은 반드시 완성될 것입니다. 바울은 로마서 8장 38-39절에서 "내가 확신하노니 사망이나 생명이나 천사들이나 권세자들이나 현재 일이나 장래 일이나 능력이나 높음이나 깊음이나 다른 어떤 피조물이라도 우리를 우리 주 그리스도 예수 안에 있는 하나님의 사랑에서 끊을 수 없으리라"라고 선언하였습니다.

미래의 소망이 있는 사람은 오늘의 삶이 다릅니다. 구원의 확신과 천국의 소망이 있는 사람은 현재의 삶을 허투루 살지 않습니다. 구원의 확신이 깊은 사람은 이 땅에서 잃을 것이 없으니 삶이 자유롭습니다. 구원의 문제가 해결된 사람은 헛된 야망을 채우기 위해 허송세월하지 않습니다. 붙들어야 할 것과 놓아야 할 것을 분명히 알기 때문입니다. 삶의 초점이 분명한 것입니다.

잘 산 사람이 잘 죽습니다. 즉 잘 죽는 사람이 잘 산 사람입니다. 서로 연결되어 있습니다. 삶과 죽음은 분리된 것이 아닙니다. 같은 선상에 놓여 있습니다. 구원은 잘 사는 것만이 아니라 잘 죽는 것을 포함합니다. 영혼의 문제가 해결되지 않으면, 삶은 불안하고 죽음이 두렵습니다. 그러나 미래의 천국에 대한 소망과 확신이 있으면, 세상에서도 이기는 삶을 삽니다. 비록 고난을 당할지라도 고난 속에서 신비를 발견합니다. 천국의 소망은 흔들리지 않습니다. 소망이 분명하면 낙심하지 않습니다.

머리에 "구원의 투구"를 쓰고, 구원의 확신을 품고 살아가십시오. 세상과 하나님 사이를 오락가락하지 마십시오. 애매한 신앙을 거부하십시오. 이 세상은 전쟁터와도 같습니다. 때로는 지옥이 되기도 합니다. 이 세상 어디에도 우리를 구원할 것이 없습니다. 하나님만이 우리 구원이 되십니다. 오직 그리스도만이 구원자이십니다. 믿을 만한 진리를 믿고 있고, 신뢰할 만한 분을 신뢰하고 있다는 것은 감사한 일입니다.

미래의 천국을 놓치지 마십시오. 날마다 구원을 묵상하고 천국을 사모하십시오. 예수 그리스도 안에서 구원의 흔들림이 없기를 바랍니다. 힘들고 어려운 세상이지만, 이미 이루어진 구원에 감사하고, 그 구원을 누리며 살아가십시오. 구원이 완성될 날을 소망하면서 살아가십시오.

마귀는 구원에 대한 확신을 갖지
못하도록 머리를 공격합니다.
실패가 없으신 하나님과 변치 않는 하나님의
약속을 근거로 구원을 확신하십시오.

3

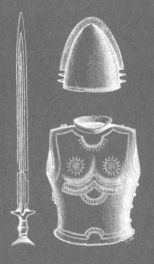

말씀과 기도의 전사

10장. 말씀은 강력한 무기다

엡 6:17
구원의 투구와 성령의 검 곧 하나님의 말씀
을 가지라

바울은 에베소서에서 영적 전쟁을 다루며 하나님의 전신 갑주에 대해 알려 주었습니다. 전신 갑주는 싸움을 위해 기본적으로 갖추어야 하는 장비들입니다. 고대 로마 시대의 전쟁에서 주로 쓰이던 무기는 칼과 창이었습니다. 칼의 종류는 면도칼, 부엌칼, 수술용 칼 등 다양한데, 전쟁에서 쓰이는 칼은 특히 강하고 예리합니다. 하나님의 전신 갑주 중에 "성령의 검"(엡 6:17)은 하나님의 말씀입니다. 하나님께서는 우리에게 성경을 주셨습니다. 영적 전쟁에서는 말씀이 강력한 무기가 됩니다. 이것보다 더 강한 무기는 없습니다. 말씀 외에 다른 것을 의지할 필요가 없습니다.

그런데 전쟁에 능한 검객이 하루아침에 되는 것은 아닙니다. 우선, 칼을 잘 관리해야 합니다. 오래도록 쓰지 않으면, 칼은 녹습니다. 손에 놓지 말고, 계속 사용해야 합니다. 또 날이 무뎌지지 않도록 수시로 벼리거나 갈아 줘야 합니다. 무엇보다도 칼을 능숙하게 다룰 수 있도록 훈련해야 합니다. 성령의 검을 익숙하게 사용해야만 마귀와의 싸움에서 이길 수 있습니다. 영적 전쟁에서 승리하려면, 구체적으로 어떻게 해야 합니까?

먼저, 성경을 잘 알아야 합니다. 성경 말씀을 잘 모르면, 영적 전쟁에서 마귀와 제대로 싸울 수 없습니다. 그러므로 하나님의 말씀을 아는 일에 힘써야 합니다. 사람들은 성경을 읽고 싶어 하면서도 어려워합니다. 그러나 성경이 그렇게 어렵기만 한 책은 아닙니다. 성경을 보는 눈이 열리면, 성경만큼 재미있는 책도 없습니다.

성경을 알려면, 성경 통독을 해야 합니다. 주중에 매일 3장씩, 주일에는 5장을 읽으면 일 년에 일독할 수 있습니다. 매년 일독 혹은 이독 정도의 목표를 세우고, 꾸준히 읽어야 합니다. 성경을 통독(通讀)하고 난 다음에는 정독(精讀)하는 것이 좋습니다.

성경을 알아 가는 방법에는 듣기, 읽기, 암송, 묵상, 공부 등이 있는데, 설교를 자주 듣는 것이 좋습니다. 특히 성경 본문을 따라 메시지를 전하는 강해 설교를 많이 듣기를 추천합니다. 또 암송도 중요합니다. 암송하는 구절이 많아지면, 굉장히 유익합니다. 그리고 묵상을 통해서 말씀이 내 안에 깊이 스며들게 해야 합니다. 겉핥기식으로 묵상하지 말고, 말씀 한 구절에 가만히 머물러 묵상해 보십시오. 말씀에 사로잡히는 경험을 하게 될 것입니다. 그때 생명의 역사가 일어납니다. 더 나아가 성경을 체계적으로 알려면, 공부해야 합니다. 부분적으로만 알아서는 안 됩니다. 성경의 중심 주제가 어디서 어디로 어떻게 흘러가는지 맥락을 알면, 말씀이 더욱 선명해집니다. 이처럼 시간을 투자하여 꾸준히 읽고, 듣고, 암송하고, 묵상하고, 공부해야 합니다. 말씀이 내 생각과 삶을 주장하도록 열심히 채우는 작업을 하십시오. 이것이 성령의 검을 벼리고, 날을 세우는 방법입니다.

성경을 가까이하다 보면 말씀에 대한 확신이 생깁니다. 말씀에 대한 확신이 서면 믿음이 자라고, 믿음이 자라면 말씀에 대한 확신이 더욱 깊어집니다. 디모데후서 3장 14절에 보면, "그러나 너는 배우고 확신한 일에 거하라 너는 네가 누구에게서 배운 것을 알며"라고 기록되어 있습니다. 말씀에 대한 확신이 없으면, 행동할 수가 없습니다. 그러므로 말씀을 아는 것보다 중요한 것이 확신입니다.

말씀에 대한 확신이 있다는 것은 검을 손에 쥐는 것과도 같습니다. 말씀보다 더 확실한 것은 없습니다. 인간의 철학이나 사상은 오래가지 못합니다. 어떤 사람은 사회적으로 성공하고 명망이 있는데도 결정적인 순간에 점쟁이를 찾아가곤 합니다. 상

당한 실력을 갖춘 어떤 유명 운동선수는 이런저런 징크스를 믿어서 경기를 앞두고 이상한 의식을 치르거나 부적을 가지고 다니기도 합니다. 세상 사람들은 별별 미신을 다 믿습니다. 평소에는 멀쩡한데, 결정적인 순간이 오면 불안하고 두려워지기 때문입니다. 그들은 불안을 해소해 줄 무엇인가를 찾습니다.

오늘날 사회가 복잡해지면서 미래에 대한 불안감이 날로 높아지고 있습니다. 뉴스를 붙들고 묵상할 수 있습니까? 정보가 부족해서 불안한 것이 아닙니다. 흔들리는 세상에서 계속 흔들리는 것만 바라보면 불안할 수밖에 없습니다. 어려울 때, 사람의 말을 들으면 더 헷갈릴 뿐입니다.

그러나 하나님의 말씀은 다릅니다. 하나님의 말씀을 읽으면 불안이 해소되고, 읽을수록 확신이 섭니다. 우리 믿음의 근거는 말씀에 있습니다. 말씀은 시대가 흘러도 변함이 없습니다. 변함이 없어야 진리입니다. 마태복음 24장 35절에 "천지는 없어질지언정 내 말은 없어지지 아니하리라"라고 기록되어 있습니다. 우리가 붙들 것은 말씀밖에 없습니다.

마귀는 우리가 손에 무엇을 쥐고 있는가를 봅니다. 우리가 말씀을 붙들고 있을 때, 마귀는 긴장합니다. 마귀의 꾀에 놀아나지 않으려면, 말씀을 알아야 하고, 그 말씀에 대한 확신이 있어야 합니다. 말씀에 확신이 서면, 마귀와 싸울 준비가 된 것입니다. 결국, 말씀을 붙들고 사는 사람이 이깁니다.

마지막으로 말씀을 구체적으로 경험하는 단계로 나아가야 합니다. 말씀이 추상적으로만 남아 있는 이유는 실제 삶에서 말씀을 경험해 본 적이 없기 때문입니다. 시편 34편 8절에는 "너희는 여호와의 선하심을 맛보아 알지어다 그에게 피하는 자는 복이 있도다"라고 기록되어 있습니다. 말씀을 체험하는 것이 중요합니다. 지식적인 신앙은 현실적인 능력이 없습니다. 말씀을 체험하려면, 말씀에 순종하는 법부터 배워야 합니다. 그래야 하나님의 말씀이 진리임을 비로소 깨닫게 됩니다. 요한복음 15장 5절에 보면, "나는 포도나무요 너희는 가지라 그가 내 안에, 내가 그 안에 거하면 사람이 열매를 많이 맺나니 나를 떠나서는 너희가 아무것도 할 수 없음이라"라고 기록되어 있습니다. 말씀대로 살 때, 열매가 맺힙니다.

성령의 도우심으로 검을 휘두르라

영국의 탁월한 강해 설교자, 마틴 로이드 존스(Martyn Lloyd Jones) 목사는 칼의 사용에는 이중 목적이 있다고 말했습니다. 공격용인 동시에 방어용이라는 뜻입니다. 말씀은 "좌우에 날 선 어떤 검보다도 예리하여"(히 4:12) 마귀를 공격하는 무기가 되며, 동시에 우리 자신을 보호하는 방어용 무기가 됩니다.

그뿐 아니라 하나님의 말씀은 우리를 성장시키고 자라가게 합니다. 날마다 말씀과 함께 살다 보면, 어느 순간 "시냇가에 심은 나무가 철을 따라 열매를"(시 1:3) 맺는 일이 일어나 삶이 풍요로워집니다. 바울은 디모데후서 3장 16-17절에서 "모든 성경은 하나님의 감동으로 된 것으로 교훈과 책망과 바르게 함과 의로 교육하기에 유익하니 이는 하나님의 사람으로 온전하게 하며 모든 선한 일을 행할 능력을 갖추게 하려 함이라"라고 말하였습니다.

또한 말씀을 읽다 보면, 분별력이 생기고, 삶의 기준이 명확해집니다. 말씀이 인생길을 안내해 줍니다. 우리가 잘못된 길로 들어서면 책망하고, 엉뚱한 길로 빠지면 바른길로 가도록 교정합니다. 필요할 때마다 가르침을 준다는 뜻입니다. 말씀을 따라 살 때, 삶의 균형이 잡히고, 삶이 풍성해지며 모든 묶인 것이 풀리는 역사가 일어납니다. 요한일서 2장 14절에 보면, "아이들아 내가 너희에게 쓴 것은 너희가 아버지를 알았음이요 아비들아 내가 너희에게 쓴 것은 너희가 태초부터 계신 이를 알았음이요 청년들아 내가 너희에게 쓴 것은 너희가 강하고 하나님의 말씀이 너희 안에 거하시며 너희가 흉악한 자를 이기었음이라"라고 기록되어 있습니다. 여기서 "흉악한 자"란 마귀를 가리킵니다. 말씀 위에 바로 서 있으면, 마귀와의 싸움에서 자연스럽게 이길 수 있습니다.

그러나 말씀의 검을 손에 쥐고 있지 않으면, 말씀보다 떡이 더 크게 보이는 법입니다. 세상의 일을 들여다보면, 온통 떡을 얻기 위한 전쟁입니다. 떡의 유혹, 돈의 유혹으로 다툼이 일어납니다. 떡이 하나님처럼 보이는 것입니다. 말씀에 대한 확신으로 바로 서는 것은 하루아침에 이루어지는 일이 아닙니다. 손에서 말씀의 검을 놓는 순간, 떡의 유혹에 넘어갈 수밖에 없습니다.

중요한 것은 성령의 도우심 없이는 말씀의 검을 쥘 수 없다는 것입니다. 말씀이 날 선 예리한 검이 되려면, 성령의 도우심이 필요합니다. 지성이 아무리 뛰어난 사람이라도 성경을 읽고 바로 말씀 속으로 밀고 들어가지는 못합니다. 말씀으로 들어가는 것은 영적 세계에서 일어나는 일입니다. 이것은 성령이 하시는 일입니다. 성령의 조명을 통하여 말씀을 깨달아야 말씀이 나를 사로잡는 상태가 됩니다. 그 말씀대로 살아갈 때, 비로소 세상의 떡보다 하나님의 말씀이 더 크게 보입니다. 성령의 도우심이 없으면, 지성의 한계에 부딪혀서 말씀을 피상적으로밖에 이해하지 못하게 됩니다. 결국 마귀와의 싸움에서 질 수밖에 없습니다.

마귀가 유혹할 때, 생각나는 말씀이 있어야 공격할 수 있습니다. 성경은 창세기부터 요한계시록까지 66권으로 이루어진 상당히 두꺼운 책입니다. 모든 말씀을 다 붙들 수는 없습니다. 모든 말씀을 떠올리는 것은 불가능합니다. 요한복음 14장 26절에 보면, "보혜사 곧 아버지께서 내 이름으로 보내실 성령 그가 너희에게 모든 것을 가르치고 내가 너희에게 말한 모든 것을 생각나게 하리라"라고 기록되어 있습니다. 성령이 말씀을 가르쳐 주셔야 깊이 깨닫고, 성령에 사로잡혀 있어야 말씀의 능력을 체험할 수 있습니다. 성령께서 주시는 말씀을 받고, 그대로 실행에 옮기는 것이 중요합니다. 꾸준히 말씀을 읽고, 묵상한 사람만이 할 수 있는 일입니다.

영적 전쟁은 현실입니다. 공중에 붕 뜬 주제가 아닙니다. 마귀는 우리의 약점을 구체적으로 건드립니다. 매우 실질적인 것으로 우리를 유혹해 옵니다. 어려움이 닥치거나, 시험이 찾아오거나, 경제적으로 어려움에 부딪히거나 근심에 휩싸일 때, 외로움이 밀려오고, 죄책감에 시달릴 때, 적절한 말씀이 떠오릅니까? 그때마다 시의적절한 말씀이 떠올라야 합니다. 바로 성령께서 우리에게 필요한 말씀을 생각나게 하십니다.

이때도 마귀는 가만히 있지 않습니다. 거짓된 생각을 우리에게 계속 집어넣습니다. 우리가 하나님의 백성으로서 살아가지 못하도록 온갖 죄들을 생각나게 하여 우리를 넘어뜨리려고 하고, 파괴하려고 들 것입니다. 마귀는 거짓말쟁이요 참소하는 자입니다. 우리를 불안하게 하고, 두렵게 합니다. 마귀가 거짓으로 모든 것을 지배하려고 할 것입니다.

마귀의 술수에 넘어가지 않으려면, 말씀의 검을 적극적으로 사용해야 합니다. 마귀가 던진 말이나 생각이 아닌 하나님의 말씀이 나를 사로잡도록 해야 합니다. 그러기 위해서는 말씀을 계속 먹어야 합니다. 칼을 칼집에 꽂아 두고서는 싸울 수가 없습니다.

승리의 모델, 예수 그리스도를 바라보라

우리는 날마다 영적 전쟁을 치르고 있습니다. 치열한 싸움입니다. 에베소서 6장 12절에 보면, "우리의 씨름은 혈과 육을 상대하는 것이 아니요 통치자들과 권세들과 이 어둠의 세상 주관자들과 하늘에 있는 악의 영들을 상대함이라"라고 기록되어 있습니다. 영적 전쟁은 마귀와의 싸움입니다. 그러나 영적 전쟁을 한다고 해서 늘 마귀만 바라보고 살라는 것이 아닙니다.

마귀를 상대하여 이기려면, 말씀에 집중하십시오. 말씀에 굶주려야 합니다. 날마다 말씀을 읽고 배불리 먹으십시오. 말씀을 가까이하는 것 외에 다른 길이 없습니다. 말씀의 능력을 맛보며 살아야 합니다. 에스겔서 3장 3절에 보면, "내게 이르시되 인자야 내가 네게 주는 이 두루마리를 네 배에 넣으며 네 창자에 채우라 하시기에 내가 먹으니 그것이 내 입에서 달기가 꿀 같더라"라고 기록되어 있습니다.

정크 푸드만 먹던 사람이 건강식 훈련을 하려고 하면 처음에는 힘들 수밖에 없습니다. 그러나 건강식 본연의 맛을 알면, 정크 푸드는 더 이상 먹지 않게 됩니다. 입맛은 길들일 수 있습니다. 그러나 건강한 입맛을 들이기까지는 훈련이 필요합니다. 말씀이 그렇습니다. 말씀의 맛을 느끼고 빠져들어야 비로소 말씀이 꿀처럼 달다는 것을 깨닫습니다.

마귀가 우리를 시험하는 의도는 분명합니다. 우리가 하나님의 백성으로서 살아가지 못하도록 막으려는 것입니다. 정체성을 잃고, 목적을 잃어버리게 만듭니다. 마귀가 예수님에게 "돌들에게 명하여 떡이 되게 하라"(눅 4:3)라고 시험할 때, 예수님은 충분히 그러실 수 있었습니다. 그런데도 왜 안 하셨습니까? 예수님은 그것을 위해서 오신 분이 아니기 때문입니다. 예수님은 그런 퍼포먼스나 어떤 기적을 일으키기 위해서 오신 분이 아닙니다. 기적의 아이콘이 되려고 오신 것이 아닙니다. 예수님은 십자가에 달려 죽으시기 위해 오셨습니다. 십자가를 통한 구원 사역을 위해서 오신 것입니다. 마귀는 예수님이 오신 목적을 잃어버리게 하려고 했지만, 예수님은 당신이 오신 목적을 한순간도 잃어버린 적이 없으십니다.

우리는 목적을 잃을 때가 자주 있습니다. 업적을 이루는 것보다 길을 잃는 것이 문제입니다. 성공은 했는데, 인생의 목적을 잃어버리곤 합니다. 돈을 벌다가 돈을 버는 목적을 잃어버리곤 합니다. 목적을 잃으면, 돈 버는 기계로 전락합니다. 수단이 목적이 되는 것은 비참한 일입니다. 마귀는 끊임없이 우리를 속입니다. 당장 눈앞의 문제를 해결하라고 합니다. 아담과 하와가 마귀에게 속았고, 이스라엘 백성이 광야에서 속았고, 많은 사람이 마귀에게 속아 왔습니다. 이 실패의 고리를 끊어 버리기 위해서 예수 그리스도께서 오셨습니다. 마귀와의 전쟁에서 승리의 모델을 우리에게 보여 주고자 오셨습니다.

우리가 가진 논리나 철학으로는 사탄을 이길 수 없습니다. 불가능합니다. 마귀는 초인격적인 존재입니다. 고수 중의 고수입니다. 세상 사람들은 마귀가 퍼뜨린 거짓말에 감염된 채 살아가고 있습니다. 말도 안 되는 논리에 사로잡혀서 꼼짝 못 하는 것이 세상 사람들의 모습입니다.

그러나 예수님은 마귀와의 전쟁에서 승리하셨습니다. 예수님에게서 승리의 비법을 배워야 합니다. 그 비법은 바로 말씀입니다. 광야에서 마귀에게 세 가지 시험을 받으셨지만, 모두 말씀으로 이기셨습니다. 말씀으로도 충분하다는 뜻입니다. 말씀을 정확하게 선포하기만 하면 마귀가 떠나갑니다. 예수님이야말로 승리의 모델입니다.

말씀을 손에서 놓지 마십시오. 어디를 가든지 말씀을 가지고 가십시오. 잠자리에 들 때도 말씀을 가까이하십시오. 심지어

휴가 중에도 말씀을 놓아서는 안 됩니다. 마귀가 호시탐탐 틈을 노리고 있기 때문입니다. 말씀을 소홀히 하면, 마귀가 기습적으로 공격해 올 것입니다. 그러면 속수무책입니다.

에베소서 4장 27절에 보면, "마귀에게 틈을 주지 말라"라고 기록되어 있습니다. 화가 날 때는 화를 빨리 해결해야 합니다. 해질 때까지 화를 품고 있으면, 마귀가 틈을 탑니다. 불평을 늘어놓으면, 그때 마귀가 틈을 탑니다. 마음에 분노가 일어날 때도 마귀가 틈을 탑니다. 욕망이 내 안에서 꿈틀거리고, 무엇인가가 나를 흔들어 놓을 때, 그대로 두지 마십시오. 마귀에게 틈을 주지 마십시오.

신자는 싸우는 사람입니다. 날마다 마귀와 싸워야 합니다. 영적 전쟁에서 지면, 인생이 비참해집니다. 다른 것은 조금 부족해도, 말씀만큼은 부족하면 안 됩니다. 세상의 지식에는 조금 밀려도 말씀만은 확실히 알아야 합니다. 전쟁터에서는 칼이나 총을 손에서 놓으면 안 됩니다. 잠잘 때도 머리맡에 둬야 합니다. 볼일을 볼 때도 손에 들고 있어야 합니다. 언제 어디서 공격을 당할지 모르기 때문입니다. 전쟁터에서 총을 쏠 줄 모르면, 군인이 아닙니다. 칼을 쓸 줄 모르면, 군인이 아닙니다. 영적 군사로서 강한 신자란 말씀에 능한 사람입니다. 하나님의 말씀, 곧 성령의 검을 자유자재로 쓸 줄 아는 사람입니다. 말씀에 대한 확신이 있을 뿐만 아니라 말씀에 사로잡힌 사람입니다.

말씀의 검객이 되십시오. 말씀으로 살고, 말씀으로 물리치고, 말씀으로 끝내 승리하는 영적 검투사가 되기를 바랍니다.

전쟁터에서 총을 못 쏘고,
칼을 사용할 줄 모르면 군인이 아닙니다.
하나님의 말씀, 곧 성령의 검을
자유자재로 쓸 줄 아는 영적 검객이 되십시오.

11장. 숨겨진 무기, 기도

엡 6:18
모든 기도와 간구를 하되 항상 성령 안에서
기도하고 이를 위하여 깨어 구하기를 항상
힘쓰며 여러 성도를 위하여 구하라

영적 전쟁은 눈에 보이는 전쟁이 아닙니다. 눈에 보이지 않는 마귀가 사람들의 영혼을 흔들어 놓고 삶을 파괴합니다. 또 교회를 위협하고 하나님 나라의 확장을 방해합니다.

바울은 "마귀의 간계를 능히 대적하기 위하여 하나님의 전신 갑주를 입으라"(엡 6:11)라고 권면합니다. 진리의 허리띠, 의의 호심경, 평안의 복음의 신, 믿음의 방패, 구원의 투구 등으로 자신을 보호하고, 성령의 검, 곧 하나님의 말씀으로 공격할 것을 가르쳤습니다.

한 가지 중요한 것이 남아 있습니다. 바로 기도입니다. 기도를 어떤 무기나 장비로 추가한 것이 아닙니다. 기도는 전신 갑주가 제 기능을 하도록 돕는 비장의 무기라고 할 수 있습니다.

기도는 항상, 성령 안에서 해야 한다

바울은 영적 전쟁에서 기도가 얼마나 중요한가를 강조합니다. 에베소서 6장 18절에 보면, "모든 기도와 간구를 하되 항상 성령 안에서 기도하고 이를 위하여 깨어 구하기를 항상 힘쓰며 여러 성도를 위하여 구하라"라고 기록되어 있습니다. 이 한 구절 안에 기도의 핵심 내용이 담겨 있습니다.

첫째, 기도는 "항상" 해야 합니다. 왜 항상 기도해야 합니까? 첫 번째 이유는 마귀가 항상 공격해 오기 때문입니다. 전쟁터에서는 한시도 방심할 수 없습니다. 언제 무슨 일이 일어날지 알 수 없기 때문입니다. 마귀는 언제든지 공격할 수 있습니다. 기도하는 동안에는 마귀가 공격할 수 없으므로 항상 기도해야 합니다.

마귀는 우리의 기도 불이 꺼지기만을 기다립니다. 대개 사람들은 위기의 순간에는 기도하지만, 위기가 지나가면 더 이상 기도하지 않습니다. 정작 위기는 바로 이때입니다. 기도하지 않는 순간이 위기입니다. 마귀가 노리고 있기 때문입니다. 그러므로 우리는 모든 순간을 기도로 나아가야 합니다.

그런데 어떻게 항상 기도할 수 있습니까? 다른 일은 하지 말고,

기도만 하라는 뜻이 아닙니다. 기도하는 마음으로 하루하루 살라는 뜻입니다. 우리가 하루 종일 멈추지 않고 하는 것이 있습니다. 바로 생각입니다. 생각을 잘못 다루면 위험합니다. 마귀가 생각을 공격하기 때문입니다. 생각하기를 멈추면, 마귀가 생각을 지배합니다. 그러니 어떤 생각이든 그 생각을 기도로 바꾸어 보십시오. 그리고 하나님께로 가지고 나아가십시오. 무슨 일이 일어나든지 그것을 기도할 기회로 삼으십시오. 어떤 일이 일어났을 때, 그것을 기도로 이어 가십시오. "하나님, 도대체 무슨 일입니까?" 하고 여쭈어 보십시오. "이 일을 통하여 하나님이 말씀하시는 것이 무엇인가요?" 하고 물으십시오.

항상 기도해야 하는 두 번째 이유는 우리 자신이 연약하기 때문입니다. 우리 힘으로는 마귀와 싸워서 이기기가 어렵습니다. 영적 전쟁에서 혈과 육으로 싸우려고 하면 반드시 지게 되어 있습니다. 육신의 힘을 의지하는 것은 매우 위험한 일입니다. 문제가 터지면, 화내고 불평하느라 마귀에게 공격의 빌미를 제공하고 말기 때문입니다. 우리는 기도할 때 비로소 강해집니다. 기도할 때, 마귀와 싸울 힘을 얻습니다. 그래서 바울이 "항상" 기도하라고 한 것입니다.

둘째, "성령 안에서" 기도해야 합니다. 기도에 있어서 성령의 도우심은 아무리 강조해도 부족합니다. 기도를 어려워하는 사람들이 있습니다. 이유가 무엇일까요? 기도는 영적인 일이기 때문입니다. 눈에 보이지 않는 하나님과 소통하는 일이기에 쉽지 않습니다. 기도는 하나님과의 교제이므로 우리 힘으로 할 수 있는 것이 아닙니다. 성령의 도우심이 필요합니다.

말씀과 기도는 성령과 떼려야 뗄 수 없는 관계입니다. 성령이 기도의 불을 지펴 주십니다. 기도는 우리의 직관을 넘어선 영적 세계의 일입니다. 그래서 우리가 무슨 기도를 해야 할지 모를 때도 성령께서 그 기도를 가르쳐 주십니다. 로마서 8장 26절에 보면, "이와 같이 성령도 우리의 연약함을 도우시나니 우리는 마땅히 기도할 바를 알지 못하나 오직 성령이 말할 수 없는 탄식으로 우리를 위하여 친히 간구하시느니라"라고 기록되어 있습니다.

성령이 이끌어 주시는 영의 기도는 차원이 다릅니다. 내가 하는 것이 아니라 성령이 주도하시기 때문입니다. 어떤 기도를 드려야 할지 성령께서 기도의 방향을 잡아 주십니다. 그럼으로써 우리는 기도를 통하여 하나님의 뜻을 발견할 수 있습니다.

또 성령으로 기도한다는 것은 우리가 원하는 대로 기도하는 것을 포기함을 의미합니다. 대신 성령께서 우리를 하나님의 뜻 가운데로 인도하십니다. 이때 우리가 원하던 것과 다른 방향으로 인도하실 수 있습니다. 실제로 바울은 자기 "육체에 가시 곧 사탄의 사자를"(고후 12:7) 그에게서 떠나가게 해 달라고 세 번이나 간절히 기도했지만, 성령께서는 "내 은혜가 네게 족하도다 이는 내 능력이 약한 데서 온전하여짐이라"(고후 12:9)라고 말씀하셨습니다. 바울을 성령께서 다른 쪽으로 인도하심을 깨달았습니다. 영적 전쟁에서 승리하려면, 성령의 도우심을 따라 기도하는 법을 배워야 합니다.

셋째, "깨어 구하기를 항상 힘쓰며" 기도해야 합니다. 깨어 기도하는 것은 영적 전쟁에서 가장 중요한 부분입니다. 미사일까지 탑재한 최첨단 전투기를 띄워도 조종사가 졸고 있다면, 그 전투기는 아무런 소용이 없습니다. 누가복음 21장 36절에 보면, "이러므로 너희는 장차 올 이 모든 일을 능히 피하고 인자 앞에 서도록 항상 기도하며 깨어 있으라 하시니라"라고 기록되어 있습니다. 깨어 있으라는 것은 영적 경각심을 가지라는 뜻입니다.

예수님이 십자가의 고난을 앞두고 겟세마네 동산에서 제자들에게 "내 마음이 심히 고민하여 죽게 되었으니 너희는 여기 머물러 깨어 있으라"(막 14:34)라고 말씀하시고 간절히 기도하셨습니다. 그러나 예수님이 기도하시는 동안에 제자들은 어떻게 했습니까? 깨어 있지 못하고, 잠들어 버렸습니다. 예수님은 "시험에 들지 않게 깨어 있어 기도하라 마음에는 원이로되 육신이 약하도다"(막 14:38) 하고 말씀하시고, 제자들이 깨어서 기도하기를 바라셨지만, 이번에도 제자들은 예수님의 기도에 동참하지 않고 잠들어 버렸습니다. 주님이 "땀이 땅에 떨어지는 핏방울같이"(눅 22:44) 되도록 간절히 기도하신 모습과는 너무도 대조적인 모습입니다.

예수님은 왜 제자들에게 깨어 있어 기도하라고 하십니까? 시험에 들지 않게 하기 위함입니다(눅 22:46). 깨어 기도하지 않으면, 시험에 듭니다. 실제로 베드로와 다른 제자들은 십자가 사건으로 마귀의 밥이 될 정도로 참패당합니다. 기도의 실패가 참패로 이어진 것입니다. 그들은 육신의 잠만 잔 것이 아니라 영적으로도 잠잤기 때문입니다. 이는 영적인 감각이 무뎌졌다는 뜻입니다. 영적 전쟁에서 스스로 무장 해제한 셈입니다. 적에게 목을 내놓은 것과도 같습니다. 베드로는 마귀에게 당한 뼈아픈 경험을 바탕으로 베드로전서 5장 8절에서 "근신하라 깨어라 너희 대적 마귀가 우는 사자같이 두루 다니며 삼킬 자를 찾나니"라고 말하였습니다.

어떤 사람이 마귀의 밥이 됩니까? 영적으로 깨어 있지 않고, 잠자는 자들입니다. 마귀는 우리가 잠들기를 기다립니다. 그러나 마귀는 졸지도 않습니다. 깨어 있지 않으면, 마귀가 우리를 가지고 놉니다. 무엇에 홀린 것처럼 행동하는 사람이 있습니다. 그런 사람을 보고 무엇에 씐 것 같다거나 귀신 들린 것 같다고들 말합니다. 악한 자가 영혼을 장악하면, 자기도 모르게 마귀에게 끌려다니게 됩니다. 가룟 유다를 보십시오. 그는 예수님의 공생애 동안 가장 가까운 곳에서 날마다 말씀을 들었고, 두 눈으로 기적을 목격했습니다. 하나님이신 예수 그리스도와 3

년을 동고동락(同苦同樂)했습니다. 그런데도 예수님을 은 삼십에 팔아넘기지 않았습니까? 그러나 영적으로 깨어 있으면, 마귀의 공격을 알아차립니다. 미리 알고 대비합니다. 그러므로 영적인 각성 상태가 매우 중요합니다.

하나님과 교제하고 동행하면, 마귀가 공격하지 못합니다. 그러나 하나님과의 교제가 끊기면, 영적으로 고립됩니다. 기도는 하나님과 교신 상태에 있음을 의미합니다. 기도로써 하나님의 작전 지시를 받아야 합니다. 기도로 깨어 있으면, 마귀가 주로 공격하는 루트가 보입니다. 마귀의 움직임을 볼 수 있고, 전략과 전술을 알아차릴 수 있습니다. 그러나 영적으로 어두워져 있으면 아무것도 볼 수 없습니다. 깨어서 기도해야 마귀의 공격 지점을 파악할 수 있습니다. 그러면 기도의 초점이 분명해집니다. 그러나 깨어서 기도하지 않으면, 마귀의 공격을 알 길이 없습니다. 분별하지 못하는 것입니다.

우리는 마귀의 공격에 매우 취약한 미혹의 시대를 살고 있습니다. 마귀는 우리의 신앙을 무너뜨리려고 발악합니다. 깨어 있지 않으면, 기도조차 무기력하게 됩니다. 영적으로 깨어 있으려면, 날마다 경건 생활을 해야 합니다. 매일 기도해야 합니다. 시간과 장소를 정해 놓고 기도하십시오. 어떤 경우에도 일정한 시간에 하나님 앞에 엎드려 기도로 하루를 출발하십시오. 예수님도 늘 한적한 곳을 찾아가 기도하셨습니다. 다니엘을 보십시오. 사방에서 그를 죽이려고 달려드는 심각한 상황 속에서도 그는 습관을 따라 "전에 하던 대로 하루 세 번씩 무릎을 꿇고 기도하며 그의 하나님께 감사"(단 6:10)했습니다. 결국, 이 기도 습관이 다니엘을 지켜 냈습니다. 늘 깨어서 기도하려면, 기도 습관이 몸에 기본적으로 배어 있어야 합니다.

기도의 영역을 넓히라

마지막으로, "여러 성도를 위하여" 기도해야 합니다. 바울은 개인 기도에 멈추지 말고, 여러 성도를 위하여 기도하라고 말합니다. 자기 필요에만 몰두하는 기도를 하지 말라는 것입니다. 자기중심적인 기도는 곧 이기적인 신앙에 빠지는 것을 의미합니다. 자기중심적인 신앙에 머물러 있는 것은 굉장히 위험합니다. 이는 영적 전쟁을 제대로 이해하지 못한 것입니다.

우리에게 주신 기도의 특권은 엄청납니다. 우리는 "왕 같은 제사장들"(벧전 2:9)입니다. 마귀가 지배하고 있는 영역들을 되찾아오기 위해 서로 중보 기도를 해야 합니다. 기도가 곧 공격입니다. 바울은 주 안에서 모두 하나 되어 "그리스도의 몸"(엡 4:12)을 세워야 한다고 말합니다. 신앙생활은 홀로 할 수 없습니다. 우리는 서로 연결되어 한 공동체를 이룹니다. 함께 기도함으로써 마귀를 몰아내야 합니다.

공동체가 마음을 모아 기도할 때, 공격의 화력이 더욱 강해집니다. 또한 기도로써 서로의 영혼을 지켜 주어야 합니다. 자기 자신의 영혼뿐만 아니라 다른 사람의 영혼을 위해서도 기도할 때, 보호의 장벽이 높이 세워집니다. 공동체의 중보 기도가 중요한 이유입니다.

서로를 위해 기도하십시오. 교회를 위해 기도하십시오. 악한 마귀가 교회를 흔들려고 진을 치고 있으니 교회의 연합을 위해 기도하십시오. 자신이 사는 마을과 도시를 위해 기도하십시오. 나라와 지도자들을 위해 기도하십시오. 영적 지도자들을 위해 기도하십시오. 우리 사회에서 일어나는 분열의 배후에는 어둠의 세력이 있습니다. 정치인들의 어떤 말이나 행동이 사람들에게 증오심을 안기고, 파벌을 만들게 하는 것은 그 배후에 어둠의 영이 일하고 있기 때문입니다. 이것은 단순히 정치적인 문제나 사회적인 문제로만 끝나지 않습니다. 기도의 영역을 더욱 넓히십시오. 세계 열방을 위해, 박해받는 그리스도인들을 위해, 전쟁 중인 나라들을 위해 기도하십시오.

우리의 기도가 여러 영역으로 뻗어 나가야 합니다. 기도를 통해 개인이 은혜를 받고, 영적으로 재충전한다는 의미도 있지만, 도시와 나라와 민족과 열방을 위하여 함께 기도하는 것은 사탄을 향해 영적으로 강력한 대포를 쏘는 것과도 같습니다.

영적 전쟁에서 이기는 유일한 길

영적 전쟁에서는 기도를 아무리 강조해도 부족합니다. 싸움에는 능력이 필요합니다. 힘이 없으면 끌려다니고, 결국 패하고 맙니다. 마귀가 나를 압도하면, 나도 모르는 사이에 마귀에게 끌려다니게끔 되어 있습니다. 마귀는 우리를 영적으로 무기력하게 만들고, 영적인 침체에 빠져 살도록 교묘하게 공격합니다. 마귀가 우리를 짓누르고 꼼짝하지 못하게 할 때, 그대로 당하고 있어서는 안 됩니다.

야고보서 4장 7절에 보면, "그런즉 너희는 하나님께 복종할지어다 마귀를 대적하라 그리하면 너희를 피하리라"라고 기록되어 있습니다. 마귀의 공격을 받아 수세에 몰리지 말고, 말씀과 기도로써 대적하라는 뜻입니다. 예수님은 "사람이 먼저 강한 자를 결박하지 않고서야 어떻게 그 강한 자의 집에 들어가 그 세간을 강탈하겠느냐 결박한 후에야 그 집을 강탈하리라"(마 12:29)라고 말씀하셨습니다. 예수께서 이 땅에 오심으로써 하나님 나라가 이미 임했습니다. 그러나 그리스도를 주인으로 온전히 모시고 살지 않으면, 마귀가 우리를 지배합니다. 내 안에 있는 어둠의 권세를 몰아내지 않으면, 결국은 내 안에 있는 악한 영이 주인 노릇을 하게 된다는 뜻입니다. 반드시 쫓아내야 하는데, 우리에게는 스스로 이길 능력이 없습니다.

고린도전서 4장 20절에 보면, "하나님의 나라는 말에 있지 아니하고 오직 능력에 있음이라"라고 기록되어 있습니다. 승리하려면 능력이 있어야 합니다. 그 능력이 어디에서 나옵니까? 바로 기도입니다.

골리앗과 대치 상태에 있던 사울왕과 이스라엘 백성들은 군복과 무기들을 갖추고 있었는데도 심히 두려워하며 떨었습니다 (삼상 17:11). 그런데 어린 소년 다윗이 물매와 돌로 골리앗을 쳐서 단번에 쓰러뜨렸습니다. 어떻게 이런 일이 가능했겠습니까? 다윗이 "만군의 여호와의 이름"(삼상 17:45)으로 달려 나갔기 때문입니다. 기도하지 않으면, 마귀가 날뜁니다. 우리 힘으로는 마귀를 이길 수 없습니다. 그러나 겁낼 필요 없습니다. 예수의 이름으로, 보혈의 능력으로, 십자가의 능력으로 나아가면 마귀는 물러날 수밖에 없습니다.

우리에게는 분별력이 필요합니다. 이 시대에 일어나는 마귀의 권세를 분별하고, 우리에게 주어진 하나님의 은혜와 능력으로 넉넉히 싸워 이기는 백성이 되어야 할 것입니다. 바울은 "주 안에서와 그 힘의 능력으로 강건"(엡 6:10)하기를 기원했습니다. 우리가 주님의 능력으로 강건해지면, 마귀를 대적하여 능히 이길 수 있습니다.

교회도 마찬가지입니다. 죽어 있는 교회에는 마귀가 없습니다. 있을 필요가 없기 때문입니다. 마귀는 살아 있는 교회를 공격합니다. 교회가 하나님을 위해서 무엇인가 하려고 하면, 그때 마귀가 찾아옵니다. 예수님을 믿지 않는 배우자를 전도하려고 하면, 마귀가 가만히 있지 않습니다. 영적 전쟁이 벌어지는 것입니다. 주변 사람들에게 전도할 때, 그냥 전도한다고 생각하지 마십시오. 그것은 영적 전쟁입니다. 마귀는 하나님의 나라가 임하는 것을 그대로 두지 않습니다. 자기의 영토가 줄어들기 때문에 하나님의 백성들을 공격하여 어떻게든 막습니다.

마귀는 우리 마음속에 불화살을 던져 전쟁터를 만듭니다. 그러나 두려워하지 마십시오. 우리가 이기는 길은 하나밖에 없습니다. 성령 안에서 항상 깨어 기도하는 것입니다. 그때 우리는 마귀와 싸워 이길 수 있습니다.

골로새서 2장 15절에 보면, "통치자들과 권세들을 무력화하여 드러내어 구경거리로 삼으시고 십자가로 그들을 이기셨느니라"라고 기록되어 있습니다. 그 시대의 통치자들과 권세들 위에 역사한 악한 영이 예수 그리스도를 십자가에 매달리게 했습니다. 그러나 그리스도의 십자가는 실패하지 않았습니다. 결국, 하나님의 뜻이 이루어졌고, 예수 그리스도께서는 십자가로 그들을 이기셨습니다. 마침내 구원을 완성하셨습니다.

우리는 영적 전쟁이 치열한 마지막 때를 살고 있습니다. 날마다 깨어 성령 안에서 기도함으로써 승리하는 성도가 되십시오.

12장. 기도의 날을 날카롭게 세워라

엡 6:18-20

18 모든 기도와 간구를 하되 항상 성령 안에서 기도하고 이를 위하여 깨어 구하기를 항상 힘쓰며 여러 성도를 위하여 구하라

19 또 나를 위하여 구할 것은 내게 말씀을 주사 나로 입을 열어 복음의 비밀을 담대히 알리게 하옵소서 할 것이니

20 이 일을 위하여 내가 쇠사슬에 매인 사신이 된 것은 나로 이 일에 당연히 할 말을 담대히 하게 하려 하심이라

지금까지 바울은 영적 전쟁에 임하는 사람이 갖추어야 할 "하나님의 전신 갑주"(엡 6:13)에 관해 이야기해 왔습니다. 진리의 허리띠, 의의 호심경, 평안의 복음의 신, 믿음의 방패, 구원의 투구, 성령의 검 곧 하나님의 말씀 등을 가지고 "성령 안에서 기도"(엡 6:18)할 것을 가르쳤습니다.

전신 갑주를 입으면 영적 전쟁을 치르는 데 유용합니다. 그러나 정작 더 중요한 것은 전신 갑주를 입고 영적 전쟁을 치러야 하는 '사람'입니다. 누가 무기를 어떻게 사용하는가가 매우 중요합니다.

영적 전쟁의 승패는 기도가 가른다

영적 전쟁과 기도는 뗄 수 없습니다. 기도에는 강력한 힘이 있습니다. 결국 영적 전쟁의 승패를 가르는 것은 기도입니다. 그러므로 기도는 영적 전쟁에서 매우 중요한 요소입니다. 언뜻 보면, 기도하는 사람과 기도하지 않는 사람이 다를 바 없어 보일 수 있습니다. 기도한다고 해서 당장 효력이 나타나는 것은 아니기 때문입니다. 그래서 많은 사람이 기도의 중요성을 간과합니다. 일이 잘되어 가는 것 같으면 굳이 기도하지 않아도 된다고 생각합니다. 그래서 기도를 우선순위에 두지 않습니다.

그러나 에베소서 6장 18절, "모든 기도와 간구를 하되"라는 말씀은 기도가 얼마나 중요한가를 말하는 것입니다. 즉 "모든 기도"란 그만큼 기도의 범위가 넓고, 기도할 것이 많음을 의미합니다. 하나만 기도할 게 아니라 여러 가지를 기도해야 합니다.

기도로써 마귀의 활동을 막아야 하는데, 그 활동 영역이 매우 넓습니다. 마귀의 활동 영역이 곧 우리의 기도 범위입니다. 그러므로 기도의 범위를 좁혀서는 안 됩니다. 오히려 더욱 넓혀서 마귀의 공격에 대비해야 합니다. 우리가 미처 기도하지 못한 곳을 마귀가 공격하고 장악할 수 있기 때문입니다. 우리는 날마다 영적 무기인 기도의 날을 날카롭게 세워야 합니다.

기도하는 사람은 주변에서 무슨 일이 일어나고 있는가를 살피고, 기도할 거리를 발견합니다. 뉴스를 보거나 사람들과 대화하면서도 기도 제목을 찾습니다. 예배드리거나 묵상할 때도 기도해야 할 것을 발견하곤 합니다. 때로는 하나님께서 기도를 인도해 가시기도 합니다. 하나님의 관점으로 바라보면, 기도가 달라집니다. 하나님 아버지의 마음을 가지고 기도하면, 기도의 범위가 넓어지고, 구체적으로 기도할 수 있습니다. 기도하는 사람은 주변에서 일어나는 일들을 대수롭지 않게 여기지 않습니다. 어떤 일이 반복하여 일어난다면, 그것을 위해 두루뭉술하게 기도하지 않고 매우 구체적으로 기도합니다.

에베소서 6장 19절에 보면, "또 나를 위하여 구할 것은 내게 말씀을 주사 나로 입을 열어 복음의 비밀을 담대히 알리게 하옵소서 할 것이니"라고 기록되어 있습니다. 바울은 에베소교회 성도들에게 자기를 위해 기도해 달라고 부탁했습니다. 그런데 그는 자신이 감옥에서 풀려나도록 기도해 달라고 부탁하지 않았습니다. 대신에 하나님께서 그에게 말씀을 주셔서 그가 복음의 비밀을 담대히 말할 수 있도록 기도해 달라고 부탁했습니다. 바울은 자신에게 무엇이 필요한지를 정확히 알았고, 그것을 위해 기도해 달라고 부탁한 것입니다. 기도 제목이 곧 영적 수준을 나타냅니다.

사탄은 복음이 전파되는 것을 강력하게 방해합니다. 복음이 전파되지 못하도록 우리 입을 막습니다. 우리를 위협하여 두렵게 하고, 위축시킵니다. 그러므로 영적 전쟁이 가장 치열한 곳은 바로 전도 현장입니다. 전쟁터의 군인은 경계 태세를 한시라도 늦추어서는 안 됩니다. 군인이 졸고 있다면, 적의 공격에 언제 무너져도 이상할 게 없을 것입니다. 에베소서 6장 18절, "깨어 구하기를 항상 힘쓰며"라는 말씀처럼 깨어 기도하는 것이 그만큼 중요하다는 뜻입니다.

영적으로 잠든 사람은 마귀와 동역하는 것이나 다름없습니다. 마귀는 영적으로 잠든 사람을 통해 자기 임무를 수행합니다. 영적으로 깨어 있지 않으면, 자기가 마귀와 동역하는지조차 알지 못합니다. 그러므로 늘 깨어 기도해야 합니다. 기도하지 않고도 그냥 이루어지는 일, 기도하지 않고도 할 수 있는 일은 없습니다. 기도하지 않아도 되는 때도 없습니다. 무슨 일을 하든지 깨어 기도해야 합니다.

기도하는 사람은 작은 일에도 하나님을 의지해야 합니다. 기도하지 않을 때, 사고가 발생합니다. 영적 전쟁에서는 적이 언제든지 공격할 수 있다는 것을 염두에 두어야 합니다. 그러니 일할 때든 쉴 때든 항상 적을 경계해야 합니다. 마귀는 쉬지 않습니다. 우리를 공격하려고 항상 준비하고 있으며 틈만 나면 우리를 공격합니다. 그러므로 우리는 더더욱 항상 깨어 있어야 합니다.

기도의 자리를 점검하라

오늘날 교회에서 싸우는 일이 많습니다. 예를 들어, 회의하다가 별것 아닌 일로 싸우는 경우가 많습니다. 그렇게 싸우다가 교회가 분열되기도 합니다. 그러면 마귀가 매우 기뻐합니다. 손끝 하나 대지 않고, 승리를 경험하는 것입니다. 그런데 안타깝게도 싸우는 당사자들은 그것이 싸울 일이 아니라는 사실을 미처 깨닫지 못합니다. 분별력이 없기 때문입니다. 깨어 기도하지 않기 때문입니다.

분별력이 없으면, 싸움의 대상을 파악하지 못합니다. 누구와 싸워야 하는가를 제대로 알지 못합니다. 분별력이 없으면, 마귀의 전술에 휘말려 엉뚱한 곳에 에너지를 쓰게 됩니다. 이것은 마귀가 원하는 미숙한 신자의 모습입니다. 영이 깨어 있어야 합니다. 그래야 분별력이 생기고 지혜가 생깁니다. 비로소 모든 것이 선명해집니다.

오늘날 신자들은 매우 분주합니다. 분주하다는 것은 삶의 초점을 잃고, 많은 것을 좇고 있다는 뜻입니다. 마귀는 성도들을 분주하게 만듭니다. 목회자도 분주하게 만듭니다. 분주하면 피곤해지고, 집중력을 잃습니다. 분주한 상태에서는 영적인 중심을 잃어버릴 수 있습니다. 그러므로 분주함은 영적 생활의 적입니다.

분주함을 대수롭지 않게 여겨서는 안 됩니다. 분주한 생활로 피곤해지면, 가장 먼저 기도에 소홀해지기 쉽기 때문입니다. 깨어 기도하기 힘들 정도로 피곤해진 것입니다. 기도는 노동입니다. 기도하는 일은 쉽지 않습니다. 기도하려면 영적으로 민감해야 하고, 집중력이 필요합니다. 그러니 지쳐 있으면 어떻게 기도할 수 있겠습니까? 기도하는 사람은 삶에서 불필요한 것들을 가지치기해야 합니다. 그리고 영적으로 수련해야 깊이 기도할 수 있습니다.

우리는 마귀와 싸워야 합니다. 형식적으로 기도해서는 마귀와 싸워서 이길 수 없습니다. 영적 전쟁에서 우리가 싸워야 할 대상을 만만하게 봐서는 안 됩니다. 우리가 맞서 싸워야 하는 마귀는 결코 만만한 존재가 아닙니다. 마귀는 우리를 가만히 내버려 두지 않습니다.

신앙생활을 형식적으로 하지 마십시오. 형식적으로 신앙생활 하는 사람은 간절하지 않습니다. 믿음이 뜨겁지 않습니다. 하나님 앞에서 진지하지도 않습니다. 그저 신앙생활이 따분하고 피곤하게 느껴질 뿐입니다. 신앙생활에 재미를 느끼지 못합니다. 기도의 열망이 생기지 않는 악순환에 빠지게 됩니다. 그러다 보면, 시간이 지난 후에 모든 것이 사라져 버리고 맙니다.

기도의 자리를 점검해 보시기 바랍니다. 기도의 자리를 통해 신앙의 상태를 확인할 수 있습니다. 기도의 자리는 영적 전쟁의 최전선(最前線)이라고 할 수 있습니다. 기도회 참석이 중요한 것이 아닙니다. 깨어 기도하는 것이 중요합니다. 성령 안에서 기도하다 보면, 모든 문제가 해결됩니다.

출애굽기 17장에 보면, 이스라엘과 아말렉이 싸울 때, 모세가 여호수아에게 "우리를 위하여 사람들을 택하여 나가서 아말렉과 싸우라 내일 내가 하나님의 지팡이를 손에 잡고 산꼭대기에 서리라"(출 17:9)라고 말했다고 기록되어 있습니다. 그리고 나서 모세는 아론과 훌을 데리고 산꼭대기로 올라갔습니다. 모세가 손을 들고 기도하면 이스라엘이 이기고, 손을 내리면 아말렉이 이겼습니다. 그래서 아론과 훌은 돌을 가져다가 모세를 앉히고, 두 사람이 양쪽에서 손을 붙들어 올렸습니다(출 17:11-12). 이 전쟁의 승패는 전쟁터가 아닌 모세와 아론과 훌이 서 있는 산꼭대기에서 결정되었습니다. 그러나 정작 전쟁터에 있던 여호수아의 눈에는 산꼭대기의 모세가 보이지도 않았을 것입니다.

손을 든다는 것은 하나님을 의지하여 도우심을 구한다는 뜻입니다. 전쟁은 하나님의 손에 있음을 인정하는 행위인 것입니다. 우리 삶에서도 마찬가지입니다. 인생의 모든 일은 하나님의 손에 달려 있습니다. 죽고 사는 것이 하나님의 손에 달렸습니다.

승패는 기도하는 자리에서 결정됩니다. 모든 문제는 기도의 자리에서 해결됩니다. 그러므로 하나님께 모든 것을 내려놓으시길 바랍니다. 하나님의 도우심을 구하시길 바랍니다. 기도의 자리가 중요합니다. 나라와 민족, 열방을 위해 기도할 때, 기도의 자리에서 모든 것이 결정됩니다. 기도가 약하면, 아무것도 이루어 낼 수 없습니다. 전신 갑주로 무장한들 아무런 의미가 없습니다. 기도로 무장해야만 전신 갑주가 제 역할을 할 수 있습니다. 그러므로 기도가 중요합니다.

오늘날 신자들은 아는 것이 많습니다. 성경 공부를 비롯하여 신앙 훈련을 할 기회가 얼마든지 있습니다. 심지어 사탄을 이길 만한 전술도 알고 있습니다. 세상에서 승리하며 사는 법까지도 알고 있습니다. 그런데도 영적 전쟁에서는 번번이 깨어지고 무너집니다. 다 알고 있지만, 아는 대로 움직이지 못하는 것이 문제입니다. 마귀와 싸워야 한다는 것은 알지만, 발이 움직이지 않습니다. 결국 사탄에게 속수무책으로 당하고야 맙니다.

마귀는 궁지에 몰리면 우리가 신앙생활 하는 것도 허용합니다.
심지어 하나님의 전신 갑주를 입는 것까지도 허용할 수 있습니
다. 다만 기도하는 것만은 어떻게 해서든 막으려고 합니다. 영
적으로 잠들도록 유혹합니다. 기도하기 전에는 하나님의 전신
갑주도 제 기능을 하지 못하기 때문입니다.

성령은 기도의 영이다

바울은 "모든 기도와 간구를 하되 항상 성령 안에서"(엡 6:18) 기도하라고 성령을 강조하여 말합니다. 성령은 기도의 영이시고, 기도는 성령의 사역이기 때문입니다. 성령 안에서 기도하면, 기도의 차원이 달라집니다. 우리 힘만으로는 기도할 수 없습니다. 무조건 열심히만 하는 것은 의미가 없습니다. 성령께서 도우셔야 기도할 수 있습니다.

성령은 우리로 하여금 온전히 기도하게 하십니다. 성령께서 도우실 때, 우리는 온전하게 기도할 수 있습니다. 성령은 기도하는 사람을 적극적으로 도우십니다. 성령께서 도와주실 때, 기도의 불이 붙습니다. 기도의 불이 붙으면, 더 이상 힘쓰지 않아도 됩니다. 기도의 불이 붙은 교회는 기도하라고 하지 않아도 기도합니다.

성령을 의지하고 기도했더니 기도에 탄력이 붙는 것을 느낄 때가 있습니다. 마치 성령께서 내 혀를 움직이시는 것만 같습니다. 하나님의 뜻대로 기도하도록 성령께서 이끌어 가시는 것입니다. 그러면 시간 가는 줄도 모른 채 기도하게 됩니다. 기도의 불이 붙은 것입니다. 이처럼 우리는 성령께서 도우셔야 기도할 수 있습니다. 그러므로 성령의 도우심을 의지해야 합니다.

로마서 8장 26절에 보면, "이와 같이 성령도 우리의 연약함을 도우시나니 우리는 마땅히 기도할 바를 알지 못하나 오직 성령이 말할 수 없는 탄식으로 우리를 위하여 친히 간구하시느니라"고 기록되어 있습니다. 우리 안에 계신 성령께서 우리가 기도하는 것을 도우십니다.

마귀와 싸워 이기려면, 마귀를 주목해서는 안 됩니다. 성령을 전적으로 의지해야 합니다. 성령의 뜻을 따라 기도해야 합니다. 성령의 뜻을 따라 기도하며 하나님을 의지할 때, 비로소 강해집니다. 우리가 강해지면, 마귀는 함부로 공격하지 못합니다. 우리가 강한 전사(戰士)가 되었기 때문입니다.

전쟁은 한 번으로 끝나지 않습니다. 시험은 마치 파도처럼 일평생 우리에게 다가옵니다. 예수님도 시험을 한두 번 겪으신 것이 아닙니다. 마귀는 예수님을 계속 공격했습니다. 예수님께서 십자가에 못 박히실 때까지, 마귀는 예수님을 떠나지 않고 계속 유혹하며 시험했습니다.

우리가 이 땅에서 사는 동안에 마귀는 우리 곁을 떠나지 않을 것입니다. 마귀는 계속해서 우리를 공격할 것입니다. 영적 전쟁은 일평생 계속될 것입니다. 그러므로 기도도 한 번으로 끝내서는 안 됩니다. 평생 지속적으로 기도해야 합니다. 한 번 은혜 받은 것으로 만족하지 않듯이, 한 번 뜨겁게 기도한 것으로 만족해서는 안 됩니다. 오늘의 승리를 내일의 승리로 이어 가야 합니다. 선한 싸움을 싸우고 달려갈 길을 마칠 때까지 방심해서는 안 됩니다(딤후 4:7).

가정마다 영적 파수꾼이 있어야 합니다. 마귀가 공격하지 못하도록 경계 태세를 갖추고, 기도로써 가정을 지키는 영적 파수꾼이 필요합니다. 영적 파수꾼이 있는 가정은 영적 전쟁에서 이깁니다. 가정뿐 아니라 공동체와 민족과 나라에도 영적 파수꾼이 필요합니다. 망루에서 쉬지 않고 기도하는 사람이 있을 때, 하나님께서 그 땅을 보호하십니다.

강한 전사가 되시길 바랍니다. 기도는 갑옷 속에 감춰진 비밀 병기와도 같습니다. 기도는 감추어져 있지만, 그 힘은 놀랍도록 강합니다. 마귀를 공격하는 가장 강력한 화력(火力)을 가진 무기입니다. 바울이 말한 전신 갑주를 다 갖추어 입어도 깨어 기도하지 않으면, 전신 갑주가 무용지물(無用之物)이 됩니다. 그러므로 깨어 기도하십시오.

승리를 확신하십시오. 승리는 우리 것입니다. 하나님께서 우리를 전신 갑주로 무장하게 하시고, 우리 손에 성령의 검을 쥐어 주셨습니다. 그리고 기도라는 비밀 병기를 주셨으니 우리는 반드시 승리할 것입니다. 우리의 기도로 마귀가 도망갈 것입니다. 그때 우리는 마귀에게 빼앗긴 전리품을 되찾아 하나님께 올려 드리게 될 것입니다.

기도하면, 넘지 못할 산이 없습니다. 건너지 못할 강이 없습니다. 하나님의 전신 갑주를 입고, 기도로써 영적 전쟁에 승리하는 그리스도인이 되기를 바랍니다.

성령의 뜻에 따라 기도하며
하나님을 의지하면 우리는 강한 전사가 됩니다.
우리가 강해지면 마귀는 함부로 공격하지 못합니다.

The ARMOR of GOD